仲裁・ADR フォーラム Vol.6

公益社団法人　日本仲裁人協会

まえがき──国際仲裁・調停の学術的研究の深化を求めて

公益社団法人日本仲裁人協会　理事長　川村　明

(1) ユニークな学術誌

　ここに，公益社団法人日本仲裁人協会の学術誌『仲裁・ADRフォーラム』第6号をお届けできることは，私の深く喜びとするところです。これで私の理事長就任以来，2冊目の紀要発行になります。早川常務理事，井上委員長，関戸事務次長，並木事務次長はじめ担当の役員の方々，執筆者の先生方に厚くお礼申し上げます。

　『仲裁・ADRフォーラム』は，仲裁ADR法学界において，あまり数の多くない学術専門誌の内の一誌であります。しかも著作者は学者だけではなく，他の学術誌や学会での発表の機会の少ない実務家の著作をできるだけ多く収録することに努めており，学会にユニークな地歩を築きつつあると自負しています。この紀要は，（当協会の予算の許す範囲で）最高裁を始め国内の大学や司法関係機関，図書館にできるだけ広く頒布して，研究者に関心を持ってもらいたいと思っています。そうすることで，学界における一定の影響力を確保したいという野心を持っているのです。

(2) 仲裁・調停センター開設による新しい学問上の可能性

　2018年は，当協会の飛躍の年でありました。4月には，大阪の中之島に日本国際紛争解決センター（大阪）を設置し，11月には京都の同志社大学との共催で日本国際調停センター（京都）を開設しました。2019年には日本国際紛争解決センターを東京にも開設し，2020年のオリンピック・パラリンピックにおいて多発すると思われるスポーツ仲裁にも備えたいと準備を進めています。

　日本に国際仲裁が発達しないのは，日本に本格的な仲裁施設が一つもないからだ，などと専ら責任を他人の所為にしてきた我々も，もはや，この言い訳は通用しません。これだけの立派な施設が出来た今は，国際仲裁や調停の案件を多数取り上げて，国民のための司法のグローバル化とも言われている政策を実現する責任があります。今や国内に国際級の仲裁・調停施設を持った我々としては，仲裁・調停の人材を養成し，スキルを磨き，その法律を整備しなければなりません。本紀要は，そのための重要なメディアとなるものであります。

　実際にも，目次を見ていただければわかりますが，今回は仲裁センターや調停センターの利用をめぐる実務的な課題が多く取り上げられています。まことに，心強いものがあります。この流れを滞らせることがないよう，本紀要では，今後とも国際仲裁・調停の普及，啓蒙のためにも，実践的・実務的論考を掲載していきたいと思います。

(3) 国際調停をめぐる法的諸問題

　日本では，民事調停や家事調停は，裁判所の関与の下で大層発達を遂げています。広く国民各層に理解が行きわたっているといってもいいでしょう。その結果，調停という言葉は日本の社会に親和性があり，広く受け入れられていると言えます。しかし，それが却って災いして，日本では調停といえば裁判所の後見の下に行われる裁判所調停と思いこまれてしまって，近年先進各国で発達してきた国際調停の制度は正しく受け入れられていないように思われます。

　調停は，裁判所から離れて，熟練した専門家の助けで導き出される和解の一種ですが，その国際的な妥当性や有効性を確保するために幾つかの制度的措置が必要です。当面，その措置の一つが，内外の法律専門家にこのような裁判外の国際的調停制度に関与することを認める外国法事務弁護士制度の一部改正です。その措置の二つ目が，国際的な調停の結果得られる和解合意の外国での強制執行を保証するシンガポール条約への参加です。このシンガポール条約というのは通称ですが，仲裁の外国での執行力に関するニューヨーク条約に対応するものと言っていいでしょう。

　そのいずれも重い課題ですが，当協会としては京都に国際調停センターを設立する過程で，図らずも認識することとなり，2018年度には相当のエネルギーを注入したところです。これらの課題をクリアしなければ国際調停は前進できません。関係諸機関のご理解と共に，広く学者や実務家のご協力に期待しています。

(4) 役者と脚本を待つ

　国際仲裁も調停も，たとえて言えば，新しい演目で，既に舞台は整って，脚本と役者を待つばかりという状態です。しかし，舞台のそでに役者がそろい，拍子木が鳴らなければ客は本気にしてくれません。2019年と2020年を仲裁と調停のブームの時代にしていきたい，そしてそのための新しい学術的な研究成果が多数寄せられるのを待ちたい，と思います。

　　　2019年1月

目 次

まえがき ── 国際仲裁・調停の学術的研究の深化を求めて ……………川村　明…………3

原賠ＡＤＲ審理の特色と課題……………………………………………出井　直樹…………7

モンゴルの裁判所調停……………………………………………………岡　英男…………17

医療メディエーション：対話による関係調整の新たなモデル…………和田　仁孝…………31

日本仲裁人協会研究講座／一般財団法人日本ADR協会
「相談機関訪問ヒアリング」プロジェクトについて ………………………佐藤　昌之…………41

国際商事仲裁における仲裁人の選任
── 主要な国際仲裁規則と実務的観点から ……………………………髙取　芳宏
　　　　　　　　　　　　　　　　　　　　　　　　　　　　　　松本はるか…………51

仲裁合意の主観的範囲について…………………………………………中村　達也…………65

京都国際調停センターの設立と展望……………………………………岡田　春夫…………75

日本国際紛争解決センターの設立………………………………………早川　吉尚…………89

仲裁人に関する利益相反事由の開示義務違反と仲裁判断の取消し………唐津　恵一…………97

日本仲裁人協会の歩み　（111）

原賠ADR審理の特色と課題

出井　直樹（いでい　なおき）
原子力損害賠償紛争解決センター仲介委員

I 原紛センター

　原子力損害賠償紛争解決センター（以下「原紛センター」という。）は，2011年3月の東日本大震災に伴い発生した東京電力福島第一発電所の事故に起因する損害賠償請求を扱う専門の行政ADR機関である。2011年8月の設置以来，2017年4月14日までに22,096件の申立てを受け，うち19,959件が終了し，終了案件のうち16,496件が和解による終了である。

　原紛センターによる原子力損害賠償ADRは，①専門行政ADRであること，②大量の申立てに対応しなければならないこと，③調整型ではなく基準準拠型・評価型のADRであること，④弁護士である仲介委員が手続を主宰するが，若手弁護士を主体とする調査官がこれを支えていること，⑤一方当事者である東京電力が仲介委員の示す和解案を尊重することを公に表明していること，等の特色がある。これらの特色の解説については，既に多くの論稿が公にされている[1]が，本稿では，原紛センターの審理手続面にフォーカスして，特に大量の案件を迅速かつ公正に解決に導くためのさまざまな実務上工夫について紹介することとする[2]。

II 原紛センターの手続の前提

　審理手続の工夫を紹介する前提として，原紛センターの原子力損害賠償ADR手続のいくつかの前提的な事項を押さえておきたい。

(1) 対象となる紛争

　対象となる紛争は，原発事故に起因する損害賠償である。性質としては不法行為損害賠償であるが，原子力損害賠償に関する法律により無過失責任主義が採用されている[3]ので，不法行為の一般的な要件のうち故意・過失や違法性は問題とならず，因果関係，相当因果関係及び損害額の算定が問題となるのみである。また，同法により責任集中主義が採用されている[4]ので，加害者として損害賠償を請求される者は原子力事業者たる東京電力のみである。

　もう一つ，対象となる紛争について指摘しておかなければならないのは，申立件数，申立人数が非常に多いということである。設置以来，月間平均300件以上の申立てを受け続けている。また，その内容も，個人の避難に伴う避難費用，生活費増加，慰謝料等の損害のほか，就労不能損害，法人・個人の営業損害（ひと口に営業損害といっても事業所避難に伴う減収，風評被害，仕入元・取引先・顧客が原発事故により被害を受けたことによる間接被害，事故に伴う追加的費用，廃業損害等さまざまである），不動産・動産の財物損害等さまざまな損害を含む。

(2) 和解仲介であること

　原紛センターの手続は，仲裁ではなく，和解の仲介である。すなわち，和解仲介手続に参加するかどうか及び仲介委員の和解案を受諾するかどうか，いずれも当事者の意思によるという任意の手続である。

　しかしながら，第一の手続参加の点については，被申立人となる東京電力は当初より申立てがあれば手続に参加することを表明しており，実際にも全案件で申立てに応じて手続に参加している。第二の和解案受諾の点につ

いては，東京電力が原子力損害賠償支援機構[5]から賠償資金原資を受け入れるに際し，東京電力と同機構が共同で策定し公表した特別事業計画において，原紛センターの和解案を尊重することを東京電力が尊重することが明言されている。実際にも大多数の案件で，最終的には東京電力は和解案を受諾している[6]。

(3) 基準に基づく和解仲介であること

原紛センターの和解仲介は，不法行為法の法律，判例，そして原子力損害賠償紛争審査会が今回の事故に起因する原子力損害賠償の範囲の判定等に関して策定・公表している指針[7]に準拠して行われる。このほか，原紛センターの総括委員会が，策定する総括基準[8]も参照される。

更に，和解事例の積み重ねや，(4)で述べる調査官の横の情報交換を通じて，ある程度事実上の基準が形成されていくことがある。また，和解仲介に際し仲介委員が総括委員会に助言を求めることができることとされており，この助言を通じた事実上の基準形成もありうる。

原紛センターの和解仲介は，このような広い意味での基準に準拠したADRという特色を有し，これを「基準準拠型ADR」ということもある。

原紛センターの和解仲介は，当事者の主張や利害を調整するプロセスを主眼とするのではなく，一定の基準に基づいた評価を踏まえた和解案を当事者に示すことを主眼とするものであり，調停のモデルとしては，調整型ないし自主交渉援助型ではなく，典型的な評価型調停，ある意味では評価型の極にあるものといえる[9]。

(4) 手続実施者及び補助者

原紛センターの和解仲介は，このように大量の案件の申立てに対応する必要があること，その相当割合は代理人を付けない申立てであること[10]，一定の法的な基準に準拠する評価型の和解仲介であること，等の事情から，弁護士を手続実施者たる仲介委員としており，約280名の弁護士が非常勤で仲介委員として活動している。また，仲介委員を補佐して主張・証拠整理，事実調査，法律調査等を担当する者として，若手の弁護士を主体とする調査官制度を採用しており，200名弱の調査官が非常勤で原紛センターに勤務している。

原紛センターの手続は，仲介委員と調査官が案件ごとにチームを組んであたっている。仲介委員は原則単独であるが，案件によっては合議体を組むこともある。

(5) 手続の大まかな流れ

手続の大まかな流れは，裁判所の調停をはじめ他のADRとそれほど変わるわけではない。被害者の申立てを受けて，担当仲介委員及び調査官を指名し[11]，東京電力に答弁書を出してもらい，仲介委員と調査官が合議し[12]，口頭審理を行い，和解案を提示する，というのが標準的な進行である。仲介委員と調査官の合議回数，口頭審理の回数は，案件によってまちまちである。口頭審理期日前，あるいは口頭審理期日間に，調査官を通じて資料提出要請を行ったり，電話で聞き取りを行ったりすることもある。平均的な審理期間は，6か月強といったところである[13]。

一件のあるいは一連の申立てで多数の被害

者が損害賠償を求める案件（いわゆる集団申立て）については，仲介委員及び調査官の態勢，案件の進行など，一般の案件とは異なる取扱いがなされることもある。

Ⅲ　手続を迅速に進める工夫

以上を前提に手続を迅速に進めるいくつかの試行錯誤，工夫について述べる。筆者は原紛センター設立時からセンターの事務局である和解仲介室におり[14]，また仲介委員としてもかなりの数の案件を扱ってきたが，以下の記述はそれらの経験に基づくものである。筆者が仲介委員として扱ってきたのは，主として事業者の営業損害の案件が多かったが，必ずしも筆者の経験を一般化はできないことはお断りしておく。また，以下は主として手続実施者たる仲介委員からの視点であり，当事者あるいは補助者である調査官には，別の視点があるかもしれない。

(1) 調査官との協議

原紛センターの和解仲介手続において調査官の果たす役割は非常に大きい。調査官なくして，原紛センターの手続の円滑な遂行は期待できない。

申立てがなされ，調査官に案件が配点されると，調査官は申立書をチェックし，その段階で申立人に確認したほうがよい事項があれば，仲介委員からの指示を待たずに申立人にコンタクトして申立書を補充してもらう等の措置を行う。多くの場合，東京電力の答弁書が提出された段階で，どのような点が争点になるかの整理を行う。相当数の調査官が「事件カルテ」と称するメモを作成し，仲介委員と共有する。この段階で仲介委員と調査官の合議を行うことが多い。

調査官が争点や証拠資料を適切に整理し，また適用されるべき基準や基準の解釈・当てはめが問題となり得る点を抽出してくれていると，仲介委員の仕事は効率的になる。この点での調査官の貢献は計り知れない。

筆者は，多くの案件で答弁書が出た段階で1回調査官と合議を持ち，調査官の整理に基づいて問題点や進行方法を協議・確認する。この段階で，和解案を出せる見込みがあるか，口頭審理の要否，当事者への質問・資料提出要請・主張の促し等を検討する。

案件によっては資料が膨大となることもある。代理人がついていなかったり，ついていても適切に機能していない場合，申立人から提出された請求の整理や証拠資料の整理だけでも大変になることがある。また，自分の請求内容や証拠資料を十分説明・整理できない申立人も少なくない。そのような場合，調査官が申立人に電話をかけて，丁寧に事情を聴きとったり，「こういう資料はありませんか」と水を向けたりすることもある。

この段階での調査官の主張整理や事実調査の作業がその後の手続の基礎となるので，重ね重ね調査官の役割は重要である。

筆者の場合，標準的な事業者案件では，答弁書提出後の調査官との合議1回のほか，口頭審理の1～2週間前に口頭審理に向けた合議をもう1回，その後口頭審理を行い，口頭審理後当事者の追加意見等をもらってから，和解案検討のための合議を1回行う，といった経過をたどることが多い。

Ⅲ　手続を迅速に進める工夫

(2)　口頭審理の要否及び回数等

　そもそも口頭審理を行うかどうかという問題がある。原紛センターの和解仲介は，口頭審理を行うということを原則にしていない。この点は当初から変わっていない。当初は，事務局から仲介委員に対して，書面審理だけで和解案が出せる案件は口頭審理を開かずに手続を進めていただきたいとお願いしていた。当時（2011年～2012年）は押し寄せる申立てに対して仲介委員・調査官の数が絶対的に足りず，案件処理促進の観点からそのようなお願いをしていた。

　しかし，その後の経験で，筆者はむしろ口頭審理は原則やった方がよいと考えるに至っている。第一に，当事者の納得感が違う。東京電力の本賠償は原則書面審査であるが，それに不服で申し立てた被害者にとって，やはり仲介委員及び東京電力に直接意見が言える口頭審理を行った方がよい。第二に，迅速性の観点からも，口頭審理は有効である。当事者の書面のやり取りや調査官の電話聴き取りだけでは，なかなか主張や証拠資料の整理もできず，従って心証が形成できない場合も多い。仲介委員・調査官が迷っているまま，結局もう一度意見を出してもらおうということになり，さらに和解案検討が長引くこともままある。

　和解案を出す見込みがない案件もある。無理筋申立てである。その場合は，適切なウォーニングを与えた上で，口頭審理を開かず，打ち切りのプロセスに入る。場合によっては，打ち切り相当の案件でも，申立人に納得してもらうために口頭審理を開いて意見を十分陳述してもらい，仲介委員の考えも直接伝えることもある。

　口頭審理の回数であるが，これは仲介委員によりまた案件によりさまざまである。筆者は，原則1回としている。迅速性の観点から，日本の裁判や調停のように，争点整理期日・調停期日を特に終わりも決めず随時入れていくやり方はとらない。口頭審理の冒頭で，「原則本日1回限りとするので，議論を尽くしていただきたい」旨当事者にお願いし，また場合によっては，口頭審理期日前に調査官から当事者に，その旨電話で伝えておくこともある。例えば，風評被害存在自体あるいは因果関係を争い，減収額，利益率等の具体的数字や寄与度については何も意見を述べていない東京電力に対し，仮定的にそれらの点も検討して意見を述べるように促したり，東京電力の答弁書に記載の指摘に対して反論がない申立人に対して，口頭審理ではこの点を聴くので意見を述べられるようにしておくよう準備を促したりする。要するに「次回に書面で」ということは基本的に許さないということである。

　そのようにしても，どうしても案件によっては，また当事者の準備によっては，1回の口頭審理では尽くせない場合もある。その場合は2回目の口頭審理を例外的に入れる。

　口頭審理の回数は，審理期間に大きく影響する。当事者・代理人及び仲介委員の予定，当事者の準備等の事情から，口頭審理は多くの場合に1か月間隔か少なくとも3週間くらいの間隔を置いて開催されるためである。筆者は，原紛センターの和解仲介手続においては，ごく例外的な案件を除いて，口頭審理を5回も6回も入れるというやり方は，迅速な解決の趣旨に反すると考えている。少なくも，口頭審理ごとに何をどこまで行うのかを明確

にして当事者と共有し，十分準備をしたうえで開催することとすべきである。

(3) 口頭審理の進め方

筆者は，冒頭に申立人の請求の概要及び主な争点を仲介委員から口頭で両当事者に簡潔に示す。初めの頃は，当事者にやっていただいたこともあるが，「書面に書いてある通りでほかにはありません」と言われたり，長々と説明されたりしたことがあったので，仲介委員から示したうえで当事者に補足・訂正してもらうというスタイルにしている。

次に，質疑（主として東京電力から申立人への質問と応答，仲介委員・調査官から申立人への質問と応答，場合によって東京電力の反論の趣旨が不明の場合には仲介委員・調査官から東京電力への質問と応答），意見陳述を行う。

その上で，多くの案件で仲介委員のその時点での暫定的心証開示を行い，和解案の枠組み等を説明する。それに対して意見をもらうこともある。どの程度まで詳しくあるいは具体的に心証開示を行うかは，ケースバイケースである。また，心証開示を当事者同席のもとで行うか，別席で行うかもケースバイケースであるが，筆者の場合同席で行うことが多い[15]。

なお，数は少ないが，仲介委員が示した心証を書面にしてほしいと言われることがあるが，それはお断りしている。(5)で述べる和解案提示理由書を原則出さないのと同様の理由である。

事業者案件を多く扱っていると，争点の類型はそれほど多くないことに気付く。事故による逸失利益の賠償においては，基準となる収益をどう認定するか（通常は事故直前の年間収益），収益減少を事業体全体でとらえるか特定の事業部門さらには特定の製品・サービスでとらえるか，事故後の経営努力による増収をどう加味するか，収益減少が事故に起因するものかどうか，他の要因（地震，津波，経済全般の冷え込み，経営判断等）の影響をどう考えるか，風評被害の場合消費者の買い控え等が合理的な行動と考えられるかどうか，風評被害の影響がいつまでどれくらい残存するか，事故により減少した費用を損害算定にあたってどのように考慮するか，等である。筆者は，これら典型的な争点について，口頭審理で（場合によっては口頭審理前に調査官を通じて）一般的な判断枠組みを示すことが多い。それによって，口頭審理での議論を焦点の合ったものにし，不毛な空中戦を避けるためである[16]。

筆者は，口頭審理で一応審理は尽くしたと考える場合でも，当事者に口頭審理後2～3週間程度で最後の意見を出す機会を与えることとしている。それらの意見が仲介委員の関心にフォーカスしたものとなるよう，特に力点を置いてほしい点を明示することもある。

(4) 実体判断における工夫

原紛センターでの和解仲介は，評価型のADRであるとはいえ，裁判手続のような厳格な証拠調べを予定していない。専門的事項についての鑑定も原則行わない。また，今回の原発事故に起因する避難等の状況からして，申立人が適切な証拠資料を保持していることが期待できない。このような事情から，原紛センターの和解仲介では，統計的・概括的な損害額認定や口頭審理や電話聴き取りに

おける口頭の陳述のみに基づく損害額認定も柔軟に取り入れている。さらには，割合的心証による割合的認定ということも行っている。

原発事故と主張される損害の間の因果関係については，裁判では原則ゼロか百かであるが，原紛センターの和解仲介では，寄与度の考え方を用いて，例えばある損害が原発事故に起因する割合を7割としたり，1年目8割，2年目6割等グラデーションをつけて認定することもある。

いずれも，裁判で用いることは基本的に難しい方法であるが，厳格な審査をするあまり，審理が長引いたり申立人に余計な負担をかけたりすることを防いでいる。

(5) 和解案提示の方法

和解案は，原則として，調査官が口頭で簡単な理由を説明して両当事者に提示している。申立人側からも東京電力側からも書面で出してほしいとの要望はあるが，これも基本的にお断りしている。理由を書面にすると，判決書や仲裁判断同様細かな表現にも気を付けなければならなくなり，和解案提示が重いものとなり，審理期間の長期化につながるためである[17]。もっとも，損害項目が多い場合や，一つの損害についていくつかの争点がある場合などは，調査官が簡単なメモを作り当事者に交付することは行われている。

和解案を提示した後は，原則として当事者とさらに調整のため折衝することは行わない。提示後，申立人からも東京電力からも，和解案再考を求める上申書や意見書が提出されることがあるが，これらに対しても原則としてお答えしていない[18]。

III 終わりに

最後にいくつか留意している点をあげる。

第一に，迅速・効率的な審理を目指すといっても，ADRにとって大事なのは，公正かつ中立な手続実施という点である。申立人であれ東京電力であれ，意見陳述の機会，一方の主張に対する反論の機会は適切に与えるよう心掛けている。また，例えば，調査官が独自に調査した資料（インターネット上の公開情報が多い）を審理の基礎にする場合は，原則として両当事者にこれを示して反論の機会を与える。一方当事者から，仲介委員限りということで資料等提出の申出があることがあるが，これを審理の基礎にすることはお断りしている。

第二に，原紛センターの和解仲介では，事実認定や事実評価はある程度柔軟に行っていると述べたが，それにも限界はある。基礎的な事実関係の認定は，争いがある場合には，しっかり行うよう努めている。例えば，事業者案件では，個別取引のキャンセルが問題となることがあるが，そのような個別取引が存在したのかといった基礎的事実は，割合的認定のようなことはせず，裁判や仲裁と同様の通常の証拠に基づく事実認定を行うよう努めている。それが証人尋問や鑑定など厳格な証明方法によらなければ認定できない場合は，やむをえず打ち切りにせざるを得ない場合もある。

原紛センターの和解仲介手続においては，筆者だけではなく，多くの仲介委員，調査官が手続を効率的に進めるための工夫を行っている。それらの工夫，そして当事者・代理人の協力によって，原子力損害賠償ADRの円

原賠ＡＤＲ審理の特色と課題

滑な実施が成り立っている。

注　釈

1　このような特色については，出井直樹「原子力損害賠償の紛争解決に向けて・原紛センター始動」二弁フロンティア 109 号（2011），出井直樹「原子力損害賠償 ADR について」仲裁と ADR7 号（2012），鈴木五十三・尾野恭史「原子力損害賠償紛争解決センターの申立概況と審理の課題」二弁フロンティア 117 号（2012），Naoki Idei「The Nuclear Damage Claim Dispute Resolution Center」（JCA A Newsletter・2012 年 9 月），Naoki Idei「Facing Mass Nuclear Damage Claims: Challenge of the Japanese Judicial System」（University of Hawaii Law Review Volume35/Number2・2013 年）等参照。團藤丈士「原子力損害賠償紛争解決センターにおける和解仲介手続について」法の支配 178 号（2015）参照。原子力損害賠償全体の仕組みについては，豊永晋輔『原子力損害賠償法』（信山社，2014）422 頁以下参照。また，原紛センターの活動概況や統計数字については，原紛センター自身が毎年活動状況報告書をホームページで公表している。

2　本稿は，2015 年 12 月 3 日日本仲裁人協会研究部会での報告に基づくものである。冒頭の段落の申立件数，終了件数，和解件数は，脱稿時（2017 年 4 月頃）にアップデートしているが，そのほかの記述は上記研究会報告時点のものである。それぞれの数字や状況は相当程度変わっている可能性があることに留意いただきたい。また，本稿冒頭の申立て件数，終了件数，和解件数等の最新の数字については原紛センターホームページ（http://www.mext.go.jp/a_menu/genshi_baisho/jiko_baisho/detail/1329118.htm）を参照されたい。なお，本稿の意見にわたる部分は仲介委員個人としての見解であることをお断りしておく。

3　原子力損害賠償に関する法律第 3 条第 1 項。

4　原子力損害賠償に関する法律第 4 条第 1 項。

5　現原子力損害賠償・廃炉支援機構。

6　最終的に東京電力が受諾せずに終了となった案件も少数であるが存在する。また，申立人が受諾せずに終了した案件も，これも数はそれほど多くないが，存在する。

7　原子力損害賠償紛争審査会 2011 年 8 月 5 日付「東京電力福島第一，第二原子力発電所事故による原子力損害の範囲の判定等に関する中間指針」を皮切りに，4 次にわたる追補が出されている（2011 年 12 月 6 日付自主的避難等に係る損害について，2012 年 3 月 16 日付政府による避難区域等の見直し等に係る損害について，2013 年 1 月 30 日付農林漁業・食品産業の風評被害に係る損害について，2013 年 12 月 26 日付避難指示の長期化等に係る損害について）。

8　2012 年 2 月に避難者の第 2 期の慰謝料について，精神的損害の増額事由について等の総括基準が出されたのをはじめとして，14 本の総括基準が出されている。もっとも，2013 年以降は，総括基準は出されていない。

9　ADR の種類としては，調停・和解あっせんというより，むしろ早期中立評価（Early Neutral Evaluation）あるいは片面的仲裁に近いと言えるかもしれない。

10　申立件数では 3 割から 4 割程度の案件に代理人がついている。集団的な申立て案件も多いので，申立人人数ベースでは代理人がついている率はもっと高くなる。

11　仲介委員は弁護士であることから，この段階で利益相反のチェックが行われる。

III 終わりに

12 これをパネル協議とよんでいる。

13 申立てから仲介委員の指名まで約1か月，仲介委員指名後和解案提示まで約4.6か月，和解案を受諾の場合に提示後1か月程度で和解契約調印，終了に至る。なお，目標としては申立から3カ月を標榜していたが，申立書提出から仲介委員等の指名を経て東京電力の答弁書の提出までにどうしても1か月超かかり，この目標の達成は困難であったと言わざるを得ない。

14 2011年8月～2014年3月和解仲介室次長，2014年4月～6月同室長補佐。

15 心証開示は同席で行い，それに対する当事者の意見・感触は別席で聞くというやり方をとることもある。しかし，別席で出てきた意見で他方当事者の意見をさらに聞くべきであると判断されるものについては，改めて同席のもとで意見を陳述してもらうこととしている。

16 例えば，逸失利益の算定にあたって，基準売上から事故後の売上を引いて減収額を算出し，これにいわゆる貢献利益率（変動費率）を乗じて損害額を算出する方法がとられることが多いが，筆者は貢献利益率算定の基礎となる変動費は，売上に純粋に比例して変動するものに原則限られるとの見解をとっており，この枠組みを当事者に示して，立証主題を絞っている。

17 この点について，もっと書面での和解案提示を活用すべきであるとの意見を複数の仲介委員からいただいていることは紹介しておきたい。筆者も，複雑な案件や重要な争点を含む案件では，書面で和解案提示をしたこともあり，また和解案とまではいかなくても，和解案の考え方や枠組みを書面で示したこともある。

18 明らかな事実誤認や計算ミスに気付いた場合は和解案を出し直すことはある。また，両当事者の合意があれば，和解案の条項の一部を変更することはある。なお，例外的に，これら口頭審理後の意見をいただいてそれまで考えていた和解案の枠組みを考え直さなければならない可能性があると判断した場合などは，口頭倫理を再度開くことも，ごくまれにある。

モンゴルの裁判所調停

岡　英男（おか　ひでお）
元JICA専門家，弁護士，モンゴル外国弁護士，モンゴル国立国際仲裁センター仲裁人

2016年2月29日，JAA研究委員会において，『モンゴルの調停制度—0からの制度構築』という題で研究講座を開催していただいた。本稿は，当時の発表にその後の事情も加えて，モンゴルの裁判所調停について紹介することを目的としている。

（なお，この原稿の初稿は2017年2月に執筆したものである。現在，最終校正をしているのが2018年10月であり，原稿を書いてから約2年が経過している。モンゴルの調停をとりまく事情や筆者自信の考え方が変化している点もある。今回，2年ぶりに読み直してみていろいろと反省点もあり，全面的に書き直すことも考えたが，この原稿は当時にしか書けなかった文章だと思い直し，この括弧書きを除く文書は2017年2月当時の完成原稿そのままにしている。）

I　モンゴル裁判所調停の特徴

(1)　「当事者が」話し合う

モンゴルの裁判所調停は，JICA（独立行政法人国際協力機構）の技術協力プロジェクトである「調停制度強化プロジェクト」[1]の支援で導入され，発展していった。私は，「調停制度強化プロジェクト」のチーフアドバイザー（JICA専門家）として，約5年7か月の間[2]モンゴル最高裁に赴任した。

モンゴルの裁判所調停の特色だが，もちろん切り口によっていろいろと言いうる。私が一番興味深いと思う特徴は，「当事者が」話し合いをしていることだと思う。

何を当たり前のことを言っているのだ。当事者が話し合いすることは調停の定義そのものではないか，と批判されそうだが，ちょっと待っていただきたい。日本の民事調停で本当に当事者が話し合いをしているのか。別席調停（コーカス）がいつまでも主流ではないか。さらに，私が言いたいのは，モンゴルの裁判所調停には，日本のように代理人（つまり弁護士）がついてくることはほとんどないということである。モンゴルでは日本と違って同席調停が原則として行われているのだが，このこととも相まって，弁護士がいないモンゴルの裁判所調停では，当事者同士が「本当に」話し合いをしている。昨今の日本の民事調停とは大違いだろう。

あえて誤解を恐れずに言えば，くだらない法的主張（たとえ法律に基づいていたってくだらないものはくだらないだろう）によりかかって主張をゴリ押しして，自分の依頼者を説得すらできない弁護士。そういう気分の悪くなる奴等がいない。和解という言葉の意味を知らないのか，当事者の利益って何だろうといった疑問に直面しないのか，いや，おそらくこんなことで考えたり悩んだりすることはないのだろうが，とにかくこういった弁護士はモンゴルの裁判所調停にはいない。はっきり言ってこの点だけは，私はざまあみろと日本の弁護士（私を除く）に言いたいのだが，モンゴルのほうがよっぽど日本の調停よりもまともに話し合いをしている[3]。調停は裁判とは違うだろう。その違いをきちんと意識してやっている。それでいて，というかその結果，モンゴルの裁判所調停の成立率は70%を超えている。

当事者中心に話し合いをするとして，調停人はどのような役目を果たすのだろうか。実は，モンゴルの裁判所調停では調停人は原則1人で調停を主催する。日本のように調停委

員会という合議体ではない。だから，調停人には一定の法的資質が必要だろうということで，司法試験に合格している元裁判官や元裁判所書記官が多数を占めている（ただし，司法試験合格は調停人に任命されるための法的な要請ではない）。私たちは，いわゆる対話促進型，自主交渉援助型といわれる調停手法を教授していたが，それがどれほど彼らの調停に生かされているかは正直わからない。というのは，前職が裁判官で定年後に調停人になったような人の場合，多くはどうしても当事者よりも前に前に自分が出て来がちになっているように思われる。客観的な物差しがないから何とも言えないが，そしてある程度客観的と言いうる利用者アンケートの結果などからも明らかにはならないのであるが，私の経験と体感からは，モンゴルの調停人のうち，特に前職が退職裁判官，退職検察官といった人の主催する調停は危ない。どうしても，当事者を説得し，場合によっては脅かすような調停を行いがちだと言えそうだ。当事者が自分で話し合いして，かつ，調停成立率も高いという現状は，弱い当事者であれば調停人によって紛争解決へ向けて妥協せよという圧力がかかっているという事実も内在している。何事も都合の良い面ばかりではないという，多面的に見ろという当たり前の結論になってしまいそうだが，私はここでそういうことが言いたい訳ではない。

　要するに，こうすべきとかああすべきといった価値観をいったん脇に置いて，モンゴルの裁判所調停を眺めたときに，とにかく，良くも悪くも，「当事者が」話し合いをしている点が特徴だといえる。

(2) 市民参加としての裁判所調停

　日本の調停は，関東大震災を契機に発展した，利用が増えて定着したというのが定説だ。

　モンゴルの裁判所調停は，現在，年間約15,000件を事件として受理している[4]。調停はモンゴルでは民事，個別的労働関係，家事の紛争について行われている。これらの分野の訴訟事件数は，年間約40,000件であり，このうち，たとえば失踪宣告など相手のいない事件を除く争いのある紛争は約30,000件である。調停は2014年の全国の裁判所での調停開始直後から現在に至るまで，安定して非常に多くの数利用されている。

　なぜ，モンゴルでこのように積極的に調停が利用されるようになったのか。訴訟に比較して調停手数料が安い[5]とか，早く解決するとか[6]いろいろと理由は挙げられるだろうが，これらは，結果であって，一般の利用者が調停手続を選択する際の誘因として，決定的に強力な要素であるとは思えない。また，裁判所調停は非常によく利用されているが，2014年秋からモンゴル商工会議所で始まったビジネス紛争調停[7]は，2016年にはほとんど利用実績がない。ということは，調停のメリットである費用や時間の節約以外の要素が，裁判所調停を利用するという決断に影響していると考えられる。それは何か。

　私は，裁判所調停が改革，もっと言えば，従来の司法制度に対抗すべき市民による司法参加の制度としてイメージされている点にその答えがあると思う。

　調停法制定の経緯とも関係するのだが，モンゴルにおいて裁判所調停は，司法改革の一環として理解されている。モンゴルでは，かねてから司法腐敗，裁判所への不信感が強く

存在しており現在のエルベクドルジ大統領（民主党）は，2009年の大統領選挙時からその選挙公約で司法改革をうたっていた。2012年に調停法が成立するのだが，調停法は，裁判所法をはじめとする一連の司法改革法の一つとして大統領府主導で作成され，国会提出された法律であった。このように，モンゴルの裁判所調停は，その設立当初から，既存の司法制度に対する改革として位置づけられ，国民に受け入れられてきたのである。言い方を変えれば，紛争解決を自分たちがコントロールするという市民参加の観点からの調停の理解が，既存の裁判所をはじめとする司法制度に対する批判とうまくかみ合ったということだ。

モンゴルでは日本の関東大震災のような，調停定着のきっかけとなる事件が特になかったにもかかわらず，制度開始以来，相当数の事件が調停を利用して解決されている。その理由として，私は，この，裁判所調停の改革のイメージと，市民参加（この市民参加というのは，裁判所以外の民間の調停では当然のことであり，特別の意味を失う）の観点が重要なのではないかと考えている。

皮肉な言い方をすれば，裁判所調停は，大統領の選挙戦略にうまく利用されて（または乗っかって）発展したということである。だからという訳なのか，調停法以外の司法改革関連法については反動が大きく，憲法違反の判断がなされて無効とされるなどの混乱が続いている。しかし，2016年6月の総選挙でそれまでの民主党に替わり人民党が政権与党となった後も，調停法に関して言えば，一切違憲であるなどの批判は出ていないし，良い制度として国民に認識されているようである。2017年は大統領選挙の年であるが，大統領が替わっても，実情に応じて調停法が改正されることはあるかもしれないが，調停制度自体がなくなることはないように思われる。当時の大統領の政策にたまたま一致したことから，モンゴルの裁判所調停はできあがったのであるが，その趣旨，つまり，司法への市民参加は，広く与野党を問わず国民に受け入れられるものだったのだろう。そして，市民参加ということは，結局のところ，「当事者が」話し合うという，はじめに述べたモンゴル裁判所調停の特徴とも通じるのだ。

(3) 伝統との合致

調停制度強化プロジェクトを始めるにあたって，社会調査などをきちんと行ったのか。また，伝統的なモンゴルの価値観や，法文化についての調査を行ったのかと問われることがある。これについて，私は，そのような調査を行ったことはありません。というお粗末な回答しかできない。そのうえで，モンゴルの法文化との合致，つまりモンゴルの伝統などに調停が合っていたかどうかという質問に対しては，「調停が」モンゴルの伝統とぴったり合っていたとは思えないと回答したい。

まず，プロジェクトの開始にあたって，事前に社会調査や伝統的なモンゴルの紛争解決制度の調査を行い，それらの調査結果をふまえてプロジェクトを計画していくといった手法を，少なくとも，「調停制度強化プロジェクト」においてJICAは用いていない。このように細やかな調査を行うことなくプロジェクトを開始するというのは，途上国の法文化をないがしろにするものではないか，また，和解や調停を受け入れる文化が存在しなけれ

ば調停制度など定着するわけがなくいきなりプロジェクトを実施するというのは荒っぽすぎるのではないかと，こういった批判も考えられるところだ。

しかし，私は，個人的には，仮に調査をしていたとしても，その結論が直接にプロジェクトの計画策定や実施に際して役立つことはほとんどありえなかったと考えている。

その理由を以下に述べる。2010年に調停制度強化プロジェクトを開始した時点でのモンゴルでは，当事者が長老のもとで和解する，いわゆるコミュニティー調停のような紛争解決はほとんど行われてなかったか，機能していなかったはずだ。訴訟上の和解など，実定法に組み込まれた和解制度も，私の知る限りでは，その運用は非常に消極的だった。

当時，詳細な調査をしたとすれば，むしろ，次のような，和解や調停に否定的なモンゴルの法文化が明らかになったであろう。

すなわち，2010年当時のモンゴルでは，裁判官も弁護士も，訴訟上の和解という制度があることを知ってはいたものの，ほとんど利用していなかった。裁判官の中立性に反すると考えられていた。私が2010年にモンゴルに赴任してからのことであるが，モンゴルの弁護士から「調停はモンゴルには向いていない。モンゴルでは受け入れられない」と言われたこともある。私は，調停制度の導入にあたって，裁判官（および法律家全般）にはびこっていた和解を否定するような雰囲気を刷新するため，2010年に最高裁判所から「和解することは当事者にとっても裁判所にとってもよいことであり，和解することで裁判官としての評価を下げるようなことはない。積極的に和解するように」という趣旨の指令を出してもらったくらいである。

実は，アジア基金（The Asia Foundation）のプロジェクトが2010年ごろから始動していた。その内容はモンゴルにコミュニティー調停を導入するというものであった。全国各地に設置した拠点（警察署など）を中心にしてコミュニティーの長老などを調停人とした紛争解決を行う試みであった。このプロジェクトは，おそらく2012年ごろまで継続していたと記憶するのだが，プロジェクト期間が終了してアジア基金からの資金が停止したとたんに，コミュニティー調停のシステム全体が消滅したと認識している。

つまり，調停制度導入に際してモンゴルの法文化を調査するとしたら，「当事者の話し合い」や「長老による調停」といった視点での調査となるのだろうが，これらは，おそらく，モンゴルの法文化，生活実態とさほど合致していない。

ここで，私なりの結論を先に述べることとする。「裁判所の」調停はモンゴルの法文化と合致しているのである。しかし，そのことは，話し合い文化という側面から検討するだけでは決して明らかにならない。もうお分かりだと思うが，おそらく，重要なのは「裁判所」という場である。モンゴルでは裁判所の権威が非常に高い（このことは，その人の置かれた状況によって「威圧感がある」とかより端的に「怖い」とか言い方を変えてもよい）。先に，司法制度に対する不信感がモンゴルでは高いと述べた。このことと権威の高さは実は両立可能である。両者は矛盾しない。モンゴルで裁判所調停が定着した理由は，おそらく，裁判所の権威を上手に利用した（つまり，裁判所に対する反発・批判と，裁判所の持つ

権威をうまく昇華させた）点にある。裁判所の権威が伝統的に高いという点に着目すれば，裁判所調停が発展して，民間の調停が不振であることも自然に説明できる。

プロジェクト実施前に，「裁判所」という場所に注意して調査をすれば，モンゴルでは，伝統的に裁判所には権威があるという調査結果が出たかもしれない[8]。しかし，このことは，調停導入を決めた後にどこで調停を行っていくかという，調停を行うべきか否かを決定した後の，次の段階で検討すべき問題であったはずだ。だから，私は，仮にプロジェクト開始前に社会調査やモンゴルの伝統文化などを調査したとしても，「裁判所で」調停を行うことが効果的であるという結論は出ていなかったと思う。

ところで，調停を裁判所での紛争解決とリンクさせたいという，調停制度強化プロジェクト実施の要望を日本側に提出したモンゴル最高裁（とそれに関わった一部のJICA関係者）には，それでは裁判所の権威についての自覚というか意識があったかというと，少なくとも，裁判所で調停を行うならば，当時すでに着手されていた弁護士会の調停よりもうまくやれるといった程度の意識はあったように思われる。国家機関としての強固な組織力や，裁判官の能力の高さといった要素に加えて，権威の高さも，弁護士会と比較すると裁判所が大きく勝っていることは明らかであるからだ。

さて，裁判所の権威がモンゴルの法文化に存在したから，それをうまく利用した裁判所調停がモンゴルで根付いたのだという結論を仮に受け入れるとしても，それは事前の調査では到達できない結論であったことについてはすでに述べた。さらに言えば，このことは，2010年5月に調停制度強化プロジェクトが開始して以降も，一度も意識的・自覚的にプロジェクトの活動に反映されたことはなかった。

というのは，結果的に，我々は裁判所調停を全国展開する活動を行っていたのだが，これは，たまたまの流れでそうなっただけだったからである。たまたまの流れといっても，複数の選択肢からあえて裁判所内に調停部を設置するなどしてきたのだから，裁判所で行うことがなんとなく一番うまくいくという理解はあったのだ。しかし，今になって，プロジェクトや調停人委員会[9]での会議の様子などを思い出してみても，意識的に裁判所の権威についての話が出たことはない。裁判所の権威というのは空気のように自然なものとして，モンゴルでは意識されることなく国民の行動の前提となっているのではないかと思われる。だから，この無意識（の伝統）を意識的に自覚して，それをプロジェクトに生かすということはとても難しかったと思う。

II　調停制度強化プロジェクト

(1)　プロジェクト目標

「調停制度強化プロジェクト」は2010年5月10日にはじまり，2015年12月15日に終了した。これは2つのプロジェクトとそれらのつなぎの期間からなっている。すなわち，2010年5月10日～2012年11月10日までの「調停制度強化プロジェクト」と，2013年4月1日～2015年12月15日までの「調停制度強化プロジェクトフェーズ2」，そして2012年11月11日～2013年3月31日までの

II　調停制度強化プロジェクト

2つのプロジェクトのつなぎの期間である。私は，これらの期間，一貫してチーフアドバイザーとしてプロジェクトを担当してきた。JICA専門家としてモンゴルに派遣されていたのは私だけであったから，まあ，好きなようにやらせてもらっていたのである。

プロジェクトの目標として「パイロットコートでの経験に基づき，一般民事事件および家事事件に関して，全国での調停制度導入に向けたグランドデザインが提示される」ことが掲げられていた。すでにプロジェクト開始前から，JICAとモンゴル側との根回しでパイロットコートと呼んでいる調停の実験のための裁判所を2か所選定することについては決定していた。プロジェクトは，そのパイロットコートで調停の実験を行い，その経験に基づいて，調停の全国導入のグランドデザインを提案することを目指していたのである。ところで，グランドデザインって何なんだ？これは誰もが思いつく疑問だと思う。私もそう思った。これを疑問と思わないのがJICAのすごいところだ。JICAは，最後までこのグランドデザインについて，その内容，意味を私に説明してくれることはなかった。

ところで，さらに空気も読まずにこの話を掘り下げようと思うのだが，JICAの法整備支援プロジェクトで，いや，語弊があるようであればもっと限定して，「調停制度強化プロジェクト」でと言ってもよい。不思議なのは，なんと曖昧なプロジェクト目標を設定するのかという点である。「グランドデザインの提示」？このような意味不明なことを平気でプロジェクト目標としてしまう。そういう雰囲気に，私は疑問を感じる。もっときちんと説明すればよいのである。格好悪いかもしれないが，正直に言葉にすればよいのだ。おそらく，私の解釈では，「グランドデザインの提示」というのは，2年半のプロジェクトの期間，パイロットコートで調停の実験，試行をする。運営ルールとか，何件か行った調停事件について，（おそらく10,000字程度で）報告書をまとめる。こういうことなのだろう。あとはなれ合いの帰国報告会か[10]。

結局，JICAの調停制度強化プロジェクト開始当時の意気込みというのはこの程度のものであったということでもある。それが証拠に，私が赴任当時に指示されていた「モンゴルで導入する調停制度のオプション」には，その選択肢の一つとして，「事件を担当している裁判官が調停（和解勧試）をする」ということまであったのだ。訴訟上の和解？そんなものすでにモンゴルには存在している。要するに，これは，何もしなくてもプロジェクトは成功するようになっているということだ[11]。

JICAのODAプロジェクトであるから，計画どおり進めていけば成功するような設計にするのは当然である。しかし，何もしなくても「成功しました」と言いうるような設計が設計といえるのか。そして，このような内容のプロジェクトをODAとして行う意味，JICAの法整備支援とは何なのだという私の疑問は，このあたりからもわいてくるのだ[12]。

なお，その後，調停制度強化プロジェクトの実施期間中の2012年5月22日，調停法が成立した。この法律は，プロジェクトが中心となって起草した。結果，グランドデザインを作るというプロジェクト目標はまったく無意味になった（デザインどころか法律ができ

てしまったからである)。そして，その後，この調停法を円滑に全国で施行することを支援し，モンゴルで裁判所調停が定着することを目的とする，調停制度強化プロジェクトフェーズ2が始まることとなった。

(2) 最高裁の思惑

モンゴル最高裁は，調停制度強化プロジェクトの（私なりに言えば）主催者[13]であり，プロジェクトは最高裁主導で行われていたし，私も最高裁の意思を最大限尊重するように動いていた。そこで，最高裁が調停を導入しようと考えた理由について考えてみたい。さらに，そのことを国民にどのように説明してきたかについても振り返る。

最高裁は，2010年当時，事件数の増加に悩まされていた。2010年当時からみれば現在の訴訟事件数はさらに大幅に増加しているのであるが，それでも，2010年当時も，訴訟事件の増加に対する危機感があった。モンゴルでは，あらゆる面で，当時も現在も，モンゴルの人口の約1/2が首都に集中しているので当然なのだが，首都と地方の地域格差が激しい。裁判所の事件数という点でも同様であり，首都の裁判官は1人あたり年間300件を処理しているのに，地方では数件程度であるとか，そういった事情があった。とにかく首都の事件数増加に裁判官・裁判所が対応できなくなるおそれが生じていた。当事者同士で和解可能な事件を調停で処理することができれば，裁判所の負担は減る。最高裁は，調停導入によって裁判所の負担を減少させることを重視していたのである[14]。

このことは公式の場面では次のように説明されていた。「調停導入によって，国民の紛争解決の選択肢が増えます」。ある裁判官は国民向けのセミナーでこの「選択肢」という表現を頻繁に使っていた。国民に向けて，「裁判所が楽になるから調停を利用しろ」とはなかなか言えないはずだ。「選択肢」というのは，実は私がはじめに考えて，モンゴルのマスコミとか一般の人の前で調停のメリットとして説明しはじめたのだと思っているのだが，我ながらうまいことを言ったものである。選択肢を増やす，オプションを増やすというのは一見良いことのように思える。モンゴル人もそう思うからこそ，このような説明が定着していったのだろう。しかし，よくよく考えると，選択肢を増やすことは国民のためになっていないことが多い。いや，はっきり言ってためになっていない。

選択肢が増えることは無条件によいことなのか。これまでのモンゴルでは訴訟しかなかった。裁判しかできなかった。それ以外の選択肢はなかった。もちろん，当事者が自分たちで和解したり，損害を受けたほうが相手に責任追及するのをあきらめたり，そういう解決方法もあっただろうが，裁判所で紛争解決する方法としては，訴訟しかなかったのである。そこに調停が出てきた。私は，調停を普及させるのが商売[15]だったから，モンゴルでは調停はよい制度だ，もっともっと使えとあおりにあおってきた。しかし，仕事を離れたときに思うのは，たとえば，調停前置主義とした離婚事件について，はじめから裁判で決めたほうが当人にとっては楽なのではないかといったことである。

離婚事件については，固有の問題もあるので，それ以外についてみるとしても，我々が自己決定する際に，選択肢が増えることでか

えって決定を間違えたり，手間がかかったりすることのほうが多いはずである。専門家に「こちらを選べ」と判断してもらえればまだよいが，要するに，素人には，目の前のこの紛争が裁判に向いているか，調停に向いているか，判断できるわけがないだろうと私は言っている。分からないことを「よく考えて」熟考すれば，より一層間違う。司法試験で択一問題を死にそうになって解いたことのある私たち弁護士からすればこれは当然の経験則であるはずだ。

とりあえず調停に行く，という選択は辛うじてありだろう。調停が不成立でもその後に訴訟することにできるから，特に大きな不利益は生じない（逆に調停を選択するほうがよい場合に，訴訟を選んでしまうと，訴訟から調停に回付することはありうるが，不利益は生じやすい）。しかし，調停ができて選択肢が増えて便利になるという言い方は，明らかにウソである。便利になったどころか，かえって手続を選ぶ手間が増え，間違った選択をする可能性が増えるだけである。もっとも，弁護士も雇わない（雇えない）ような紛争というのは，間違えても大して影響のないものが大半のはずだから，結局，いかに気持良くなって早く帰ってもらうか。それが一番重要だという判断もありうる。

ともかく，選択肢が増えるという言い方が耳心地よく聞こえるのは，私の知る限り日本もモンゴルも同じようであり，この点に異議を言っている人をほとんどみたことがない。

III　モンゴル調停法とその運用

モンゴル調停法の内容について，詳細に述べる紙数はない。重要な点のみ指摘することとする。

(1) 特　徴

モンゴルの調停は，現在，民事紛争，個別的労働紛争，家族関係により発生した紛争について利用できる（調停法3条1項）。家事事件については調停前置主義がとられている（同6条3項）。調停は非公開であり（同21条2項），調停で提出された主張は訴訟の証拠とすることができない（同18条6項）。調停人は，大学卒業後，所定の調停人養成研修を終了した資格を有する者の中から各調停機関が採用する（同7条1項，8条1項，9条1項各号）。申立費用は一律30,000MNT（約1,400円）である（印紙税法7条）。調停事件の係属により消滅時効が中断する（調停法18条5項）。調停は原則として同席で行われる（同24条2項）。調停は受理後30日以内に終了するのが原則である（同20条1項）。調停で和解したら調停人の支援により和解契約書を作成する（同26条2項）。裁判所調停では，この和解契約書を裁判官が確認することで執行力が付与される（同27条2項）。和解契約書に法令違反や第三者の権利を害する内容があると認める場合，裁判官は確認を却下する命令ができるが，この却下命令に対しては民事訴訟法に基づいて不服申立が可能である。

(2) 最近の運用

私は，2016年以降2017年現在までで数回，モンゴルの裁判所調停を利用している。もちろん当事者の代理人として利用しているのである。自身が制度を作って運用していたとき

には気が付かなかったが、実際に制度を利用する立場になってみてはじめて発見したことも多い。そこで、私が最近（特に2016年後半以降）のモンゴルの裁判所調停で気がついた点をいくつか述べてみる。

まず、丁寧に当事者に接するという点から。ある首都の裁判所の調停室では、隣の調停人控室からのテレビの騒音がひどかった、調停人が高圧的で話を聞く耳を持たないといった苦情が耳に入ってくる。私自身の経験ではそのような不愉快なことは一切なかったのだが、私は元々彼らを監理・監督していたという特殊な立ち位置にいるから、私以外の人の言う苦情のほうが信用できると思う。

私自身が経験したことでいえば、調停人は当事者の意を汲んで動いてくれているし、法律面での知識も納得できるレベルであり、当事者の話を聞いて、きちんと理解してくれている。しかし、裁判官は、確認命令に慎重になりすぎている傾向が見られる。例えば、明らかに第三者を害さない、第三者に無関係な内容であっても確認命令を出さないといったことがある。その結果、一部の調停人は、担保権設定などの複雑な内容の調停を、確認されないと予想されることから、そもそも調停で受け付けずに訴訟に回すようなことをしているという話も聞いた。また、裁判官は確認命令の審査にあたって、証拠を要求する傾向になってきており、これは、証拠を不要とする調停の運用と矛盾するものである。当初、会社代表者かなにかが出頭した際に、当事者の確認を登記簿等でせずに和解を行い、後に無権限者であったことが明らかになった。そういった事故もあって、裁判官は場合によっては判決に近い程度まで証拠を要求している

という話を調停人から聞いた。しかし、出頭確認の際に資格証明書を持参させることと、和解内容に証拠を要求することとはまったく別の話であり、過度の証拠を要求することは、調停のメリット、特徴を失わせることとなりかねない。たとえば、他人所有のアパートを譲る内容の和解をしたところで、所有者の同意なしに所有権移転はできないはずであり、アパートの所有権があることを確認するために登記簿を要求するといったことは不要であるし、かえって有害である（和解内容の正確性、つまりアパートの特定のためなどに用いる場合は別である）。

このように、おおむね調停人は手際よく事件処理しているように見えるが、裁判官との関係で円滑な意思疎通ができていないことが多いように感じる。その結果、確認命令が却下されるといった問題が生じている。

また、最近の傾向として、高額な調停が増えていると聞いている。公式の統計には出てこないのだが、数十億円規模の調停も成立しているとのことだ。争いがほとんどない事案であったらしいが、数年前の調停がなかった時代には、こうした内容で和解してそれに執行力を付けようとすれば、訴訟提起のうえで確認命令を得るしかなかった。訴訟手数料が仮に1%としても相当高額になると思われるから、一律30,000MNT（1,400円）の手数料で執行力が得られる裁判所調停は非常にお得ということになるだろう。

Ⅳ 調停の発展

(1) 2016年の統計

2016年の統計[16]によれば、裁判所では、

IV　調停の発展

2016年1月1日から12月31日までの1年間で，15,328件の調停事件を受付け，12,589件を処理した。そのうち，8,908件の事件について調停が成立した。全体の成立率は70.8％であり，2015年の66.4％と比較して大きく成立率は向上している。これは，民事紛争の調停成立率が向上したこと，成立率の低い離婚調停の比率が減少していることと関係していると考えられる。また，同時期の民事紛争（訴訟事件）は，39,773件であり，単純計算でも民事事件の1/3～1/4以上の事件が調停で処理されていることとなる。調停で処理した12,589件のうち，民事事件は9,802件で78％，家事事件は2,707件で21％，労働事件は80件で1％だった。調停成立率は，事件の種類別で大きく異なり，民事事件では87％の事件で成立し，労働事件では89％で成立している。これに対し，家事事件では12％で調停成立しているにすぎない。家事事件のほとんどは離婚事件であるが，離婚について調停前置が取られており原則として調停を利用しなければならないうえに，調停においては離婚に合意することはできず，円満に和解する以外の調停はできない運用であるので，このような結果となっている。なお，調停にかかる期間であるが，調停成立した事件では，1回の期日だけで96.6％が成立している。

(2)　調停の発展

この結果だけみれば，2014年から3年を経過して，裁判所調停は順調にモンゴルに定着していっているように思われる。反面，先に述べた裁判官と調停人との連携の面など，調停が，モンゴル独自の発展をはじめた結果としての問題も顕在化する時期に来ているのではないかと思われる。

また，特に統計上顕著に目立つのが家事事件，つまり離婚事件の調停成立率の低さである[17]。家事事件の調停前置主義と，その合意内容の制限，つまり，離婚合意を調停で行えない点については，家族法との関係もあり改革は容易ではないのだが，当事者からの苦情も多く，モンゴルの調停制度の意義と役割を考えるうえで重大なポイントとなってくる気がしている[18]。運営上，常に意識しておくべき点だろう。

ある程度モンゴル側独自の運用が固まってこようとしている今の時期，JICAがフォローアップなどすることができるのであれば，今は最も適切なタイミングではないかと考える。

(3)　まとめ

以上，簡単に触れるだけに終わった部分もあるが，モンゴルの裁判所調停について概観してきた。

モンゴルの裁判所調停の特徴として述べた，当事者の話し合いと市民参加の視点は，私が最も言いたかったことである。今の日本の調停で忘れ去られようとしている重要な点だと思う。

なぜだか最後に手塚治虫の『火の鳥』のような話でまとめてしまおうと思うのだが，モンゴルの裁判所調停の現状は，日本ではおよそ失われてしまった調停の理念というか理想型が，どういう因果か日本の支援でモンゴルに生まれ変わって再生し，発展しつつあるということかもしれない。

モンゴルの裁判所調停

注　釈

1　まとめて「調停制度強化プロジェクト」と書いたが，正確には，後述するとおり 2010 年 5 月〜2012 年 11 月にかけて「調停制度強化プロジェクト」が，2012 年 11 月〜2013 年 3 月にかけて次プロジェクトまでのつなぎ期間としての支援プロジェクトが，2013 年 4 月〜2015 年 12 月にかけて「調停制度強化プロジェクトフェーズ 2」が実施された。本稿では，これらをまとめて「調停制度強化プロジェクト」と言っている。

2　正確には 2045 日間である。プロジェクトでの 2045 日間の経緯は，岡英男『おまえがガンバれよ―モンゴル最高裁での法整備支援 2045 日』（司法協会，2016）に詳しく書いた。本稿では素人向けの新書には書けなかった専門的な内容や，2016 年の統計，筆者が 2016 年にモンゴルで実際に調停を利用した経験などをふまえた最新の実情をご紹介したい。

3　自分のことを棚に上げて人のことをよく言うなと批判されると思うが，私は自分がろくでもない弁護士であることをいつも（たとえば前掲拙著でも）公言している。私にとって，自分ほど信用できない人はいない。この点については（こんなことを書くと商売に差し障りしかないのだが）間違いないことだ。

4　2015 年（同年 1 月 1 日〜12 月 31 日）の受理数 15,437 件。2016 年（同期間）の受理数 15,716 件である。『調停レポート 2015』（モンゴル国裁判所評議会，2016），『調停レポート 2016』（モンゴル国裁判所評議会，2017）。

5　印紙税法 7 条により，紛争の価額に関わらず一律 30,000MNT（2017 年 1 月現在の為替レートで約 1,400 円）である。これは，訴訟でいえば，訴訟物の価額が 1,000,000MNT（約 46,000 円）の事件の訴訟手数料に相当する。

6　2016 年の最新のデータでは，305 件の事件が 2 回以上の期日を経て調停成立したという。『調停レポート 2016』（モンゴル国裁判所評議会，2017）。304 件は調停成立事件の 3.4％にあたる。つまり，調停成立した事件だけでいえばその大半（96.6％）は 1 回の期日で調停成立している。

7　欧州復興開発銀行（European Bank for Reconstruction and Development, EBRD）のプロジェクトとして，同銀行の支援により調停人が 15 人養成され，調停室などの設備も整えられた。設立当初の 1 年近くは，手数料を無料としたこともあって利用はそれなりにあったようであるが（合計数十件程度），その後は事件をほとんど処理していないと聞いている（統計データは公表されていない）。

8　参考までに，1789 年に発布されたとされる理藩院則例は，当時，現在のモンゴルを支配していた清朝の法令であるが，これは，モンゴルの慣習法も基礎にして編成されたとされている。孫引きになるが，この第 12 編第 13 条では，「起訴された刑事事件を当事者が密かに示談する場合厳罰に処し，ただし，公の機関を通じて仲裁人の下で示談することを許す」旨規定されている。『蒙古慣習法の研究』126 頁（財団法人東亜経済調査局，1935）。刑事事件（検察）に関する規定である（もっとも当時は刑事と民事は未分離であった）。私人間での示談は犯罪であるのに対し，「公の機関における」示談が認められている点には，いろいろと解釈もあろうが，現代に通じるモンゴル人の気質が垣間見られるともいえるのではないだろうか。

9　裁判所評議会（The Judicial General Council of Mongolia）とは，司法府に属する独立行政委員会であり，司法行政を司る官庁である。日本でいえば最高裁判所事務総局と下級審の事務局を併せて一つの省庁としたようなもの。裁判所評議会の下，調停行政を所管する調停人委員会という独立行政委員会が存在している。私は，2014 年以降は，調停人委員会のアドバイザーとしても勤務していた。

10　念のために述べると，私は，なれ合いが悪いと言っているのではない。むしろ，最後の帰国報告会くらいな

Ⅳ 調停の発展

れ合いで行わせろよ，とすら思う。

11 関係者にはいろいろと言い分や反論があるのも分かるが，私はここで関係者に対する個人攻撃をしたいわけでもないし，個々の関係者の尽力については感謝も尊敬もしている。個人的にもお礼してもしきれないご厚情をいただいた。そういうことではなくて，お察しのとおり，私は，（JICA の）法整備支援について，その根本的な考え方や対峙の仕方を問題にしているのだ。

12 これらの疑問点を含めてあらゆる角度から私のすべき JICA 専門家の仕事というものを熟考した結果，私は，調停制度強化プロジェクトは，モンゴル側を「接待」することを第一の目標として進めていくことを決断した。岡・前掲注(2) 51 頁。

13 JICA なりに言えば，カウンターパートである。

14 独立行政法人国際協力機構公共政策部『モンゴル国調停制度強化プロジェクト詳細計画策定調査・実施協議報告書』(2009) 3 頁。なお，裁判所調停が全国で開始した後，JICA プロジェクトが行った調査では，2015 年の段階で，裁判官，裁判所行政職員の 51.8% が，調停導入により裁判所の負担が最大 29% 減少したと感じている。『裁判所の調停モニタリング調査報告書』(JICA・モンゴル法規協会，2015)。

15 あえて所々で「商売」という言葉を使っているが，これは言葉のアヤであって，私は弁護士の仕事とか JICA 専門家の仕事は，言うまでもないことだが，いわゆる「商売」や「ビジネス」とは根本的に違うと思っている。開業当時，私の法律事務所の WEB サイトを作らないかと提案してきた会社が「お客様」という言葉を使っているのを見て即座に追い返した。極端に言えば，お前ら商売で殺人事件の弁護やっているのかという話である。金もらったらなんでも言うなりか。他人がどうしようと勝手だが，依頼者に「お客様」はないだろう。そんな気持なら 5 年 7 か月もモンゴルに行ってないよ。お陰様で事務所の WEB サイトは自分で作ることになってぐだぐだになっている。

16 『調停レポート 2016』（モンゴル国裁判所評議会，2017）。

17 もっとも，離婚しようと裁判所に来た夫婦を和解させた円満調停の数であるのだから，12% というのは非常に高い成功率という見方もできるのであるが，議論の趣旨はそういうことではない。

18 私は，現状のまま，つまり家族法の理念のまま調停を行っていけばよいのであって，成立率を無理に上げようとする必要もないと考えている。無理に成立率を上げようとすれば，離婚したい夫婦の気持ちにかえって反するはずだ。調停の成立率を上げようとして，家族法の理念に過度に同調するとか，さらには，家族法の改正を，家族制度に対する考え方の変化を理由とするのではなく，調停を理由にして行うといったことがあれば本末転倒だと考える。

医療メディエーション：対話による関係調整の新たなモデル

和田　仁孝（わだ　よしたか）
早稲田大学大学院法務研究科教授

医療メディエーション：対話による関係調整の新たなモデル

I　医療メディエーションの概念と倫理

(1)　メディエーション概念への誤解

　医療メディエーションは，厳密には，本来的なメディエーションではなく，医療事故後の初期対応にメディエーションのスキルを応用的に活用しようとするモデルである。基盤となるメディエーションのモデルや理念自体，これまでわが国ないし東アジア諸国には，ほとんどなかった概念である。ところが，わが国では，メディエーションという英語は，しばしば「調停」と訳され，あたかも裁判所の調停に代表される法的枠組のなかで運用される紛争解決モデルのように，誤って理解されてきた。こうした背景から，医療メディエーションも，調停を医療機関内で行う試みであるかのように誤解され，当初は，的外れな批判を受けることになった。

　そこで，まず，議論が混乱しないように，調停概念と比較しつつ，メディエーションの意味を明確にしておくことから始めたい。わが国の調停概念とメディエーション概念のもっとも大きな違いは，調停者の役割にある[1]。

　第一に，調停では，調停者は，各当事者から事情や見解を聴取した上で，しばしば法的であれ，非法的であれ，調停者自身の見解を示したり，最終的に調停案を提示したりする。これに対しメディエーションにおけるメディエーターの役割は，当事者間の対話の促進であり，原則として，その過程で，一切の判断・評価の開示や助言は行わず，また調停案の提示も行わない。メディエーターに必要なのは，法的知識や専門的知識ではなく，対話促進のスキルそれ自体ということになる。

　第二に，それと関連してメディエーションにおいては，概ね当事者が対面しての対話過程が展開される。もちろん，状況に応じて別席での聴取が行われることはあるが，わが国で別席がほとんどを占めているのとは，ちょうど逆の関係になるといってよい。

　第三に，それゆえ，メディエーターの役割を担うのは，対話促進のスキルを身につけた人材であり，とりわけ専門性や特別な資格要件を必要とするわけではない。実際に，トレーニングによりスキルを習得すれば，誰でもメディエーション・サービスを提供できる。もちろん，法律家も，ロースクールに開設されているメディエーションの体験型授業で学んで，メディエーターとして活躍している。筆者が知る限り，ニューヨークのロースクール，メリーランド州のロースクールでは，この授業の単位を修得したロースクール学生が，少額裁判所の実際の事案をメディエーターとして担当していた。

　第四に，それゆえメディエーションは，筆者の知る限り，アメリカ，イギリス，ドイツで，初等中等教育の場で子供たちに教授されているほか，管理職への人間関係調整スキルとして，また一般的な紛争解決技法として，広く社会一般に浸透している。そこでは対話の促進による合意促進のみがメディエーターの役割とされている。

　第五に，確かに，わが国の調停のように，法律家が関与し，助言や調停案を提示する形のメディエーションも存在するのは確かである。しかし，法律家がメディエーターとなる場合でも，「法的助言は行わない」，「調停案の提示はしない」というのが原則であることに変わりはない。例外規定として，法律家が

Ⅰ　医療メディエーションの概念と倫理

メディエーターの場合には，両当事者の同意があれば，助言を行ったり，調停案を提示したりすることもできるとされている。わが国の調停に近い形のメディエーションは，実は，手続開始時点で，両当事者からあらかじめ包括的な助言と調停案提示への同意を得て行われているものと解釈できる。

わが国の医療メディエーションは，この西洋諸国では社会内に広く浸透した，しかし日本では今までにほとんど存在しなかった，対話促進による日常的関係調整モデルとしてのメディエーションのスキルを前提に構築されているのである。

(2)　医療メディエーションの倫理

さて，ではこのメディエーション・モデルを前提に医療メディエーションはどのように組み立てられているのだろうか。まず，先に述べたように，医療メディエーションは，メディエーションそのものではなく，そのスキルを活用した応用モデルだという点が前提となる。

通常のメディエーションでは，対話促進であっても，両当事者とはかかわりのない第三者がメディエーターを努める。医療事故後の初期対応が中心となる医療メディエーションの場合は，その時間的要請からも，医療機関の職員がメディエーター的に活動する必要がある。この点で，医療メディエーションはメディエーションそのものではなく，その応用モデルであり，またそれゆえに，押さえなければならない理念的要請，行動倫理的要請を考えておかねばならない。

その理念ないし目的論を理解するためには，医療メディエーター協会のＨＰを参照するとよい。そこには次のように書かれている[2]。

院内医療メディエーションとは：医療メディエーションとは，患者と医療者の対話の促進を通じて，情報共有を進め，認知齟齬（認知的コンフリクト）の予防，調整を支援する関係調整モデル。医療の基盤をなす対話促進のソフトウェアとして，医療行為の一部を構成する。

院内医療メディエーター（医療対話仲介者）とは：医療メディエーター（医療対話仲介者）とは，患者と医療者双方の語りを，いずれにも偏らない位置で，共感的に受け止め，自身の見解や評価・判断を示すことなく，当事者同士の対話の促進を通じて，情報共有を進め，認知齟齬（認知的コンフリクト）の予防，調整を支援する役割を担う人材である。

すなわち，あくまでも事故直後の心理的混乱に苛まれる患者および医療者の対話がスムーズに進み，その情報共有を支援することが目的なのである。専門的知識の観点から事故を語る医療側と，日常的観点からの疑問を持つ患者家族側の対話を，一方的な専門的説明の押し付けや一方的な感情的攻撃に陥らないよう受け止めつつ整序するのが，その役割となる。法的責任をめぐる議論や賠償問題のような論点にはそもそも立ち入らず，その前提となる対話可能な関係的土台の構築までがその目的である。同 HP には次のようにエッセンスが掲げられている。

1) 医療メディエーションは医療の基礎をな

す対話と情報共有のモデルである。
2) 医療メディエーションの主役は，当事者である患者と医療者。メディエーターは患者を尊重し，傾聴し，対話を促す。評価や判断はしない。
3) 医療メディエーションの目標は，「解決」ではなく，患者と医療者の関係構築である。法的権利・賠償等の紛争解決には関与しない。
4) 医療メディエーターは構造的中立性でなく，信頼に基づく不偏性を保つ。院内医療メディエーターは，中立性を標榜してはならない。

ここに示されているように，医療メディエーターは，院内の職員であるため，中立性の標榜さえ許されていないし，メディエーションの理念を踏襲して，評価・判断を示すことも禁じられている[3]。

II 医療メディエーションの背景理論と実践

(1) 社会構成主義と認知フレーム論

医療メディエーションは，上滑りな技術論ではなく，人間の認識と行動に関する哲学的・社会的理論に基づいて構成されたものである。それは，客観主義的科学論に対峙する認識論的不可知論の伝統に根ざす「社会構成主義（Social Constructionism）」という理論である[4]。一般に，ナラティヴ論と呼ばれるアプローチが，この社会構成主義とほぼ重なるといってよい。

そのエッセンスをわかりやすく解説しよう。赤ちゃんは，世界を快・不快といった感覚でしか認識できないが，言語や文化を身につけるにつれ，我々は身の回りの世界をより複雑な意味を持った世界として認識できるようになる。言い換えれば，生育の過程で「世界とはこうあるものだ」という世界についての「優勢な物語（dominant narrative）」に触れ，それを内在化することによって，いわばこのメガネを通して，世界の意味を瞬時に理解できるようになるのである。こうした世界を理解する際の「出来合いのメガネ」にあたるものを筆者は認知フレームと呼んでいる[5]。

このことは，逆に言えば，文化が異なれば，また時代が異なれば，さらには受けた教育が異なれば，個人の世界を見る認知フレームが差異を含んでくることを示唆している。その個人がどのようなナラティヴないし認知フレームの構造を体得しているかで，ある言葉や振舞い，現象の理解が異なってくるのである。この観点からは，世界に関するリアリティは一つではなく，その人の見た世界がその人にとっては「固有のリアリティ」だということになる。もとより，無限定な相対性を認めるわけではなく，そこに客観的実在はあることは当然として，しかし，実在自体を我々はまるごと把握することはできず，それぞれの認知フレームを通してしか「リアリティ」を構築しえないのである。

さて，医学的認知フレームを学習し，医療現場のシステムにも精通した医療者の認知フレームと患者のそれとが大きく異なっていることは容易に理解できよう。医師は医学的エビデンス（医師の認知フレーム）に基づき，きちんと説明したと認識していても，患者はそれを具体的生活環境の問題とのかかわりでしか理解できず，後で聞いていないとして問

題になることがある。いずれかが嘘をついたり，忘れたりしているのでなく，「説明」の内容をめぐって双方が異なる認知を構成していたことがコンフリクトの原因なのである。

たとえば，ある薬剤を選択する際に，「この薬には○○の副作用が生じるリスクが1％あります」と説明したとしよう。医師は，「1％ものリスクがある。それだけ危険だけれど覚悟して選択しますか」というメッセージをそれに込めていたとする。しかし，患者側はそれを聞いたとき，「1％ということは99％安全ということだ。先生は安心して服用しなさいと言ってくれているのだ」と理解して同意書にサインするかもしれない。このとき，言葉は「1％のリスク」でも，伝えようとしたメッセージと，受け取ったメッセージには齟齬が生じている。そして，不運にも，その1％の副作用が実際に起こったときに，患者は「危険とは聞いていなかった。聞いていたら服用しなかった」と，紛争化する可能性がある。

こうした認知の齟齬は，端緒となった出来事だけでなく，その後の医療側の説明の過程でも継続的に生じてくる。医療に限らず，どのような紛争でも，その過程で相手の発言や振舞いをめぐって，こうした認知フレームの差異に基づく，対立的な認識の激化が見られる。それゆえ，対話の過程で，この決して埋めることのできない認知フレームの差異を前提にいかに対話を紡いでいくかが大きな課題となる。医療メディエーターは，その過程にかかわり，患者側，医療者側双方が，情緒的な不安や怒りに支配された認知フレームに囚われ，自身の対話を適切に制御できない時に，情報共有と認知フレームの差異の克服へ向けて支援する働きを果たす。

この役割を適切に果たすために，まず，メディエーターは患者側と1対1で対話を持ち，その認知フレームから見たリアリティとその背景にある思いやニーズを共感的に把握し，ついで，医療者側からもその見るリアリティと背景にある思いやニーズを共感的に聞いていく。この過程を通して，信頼関係を構築するとともに，当事者の気づき（認知フレームの変容）を促し，メディエーター自身も双方の認知フレームの差異に基づく現実認識の齟齬のありか，および双方の深いニーズと表層の対立的言動との齟齬を見極めていく。その際に，有益な視点がIPI分析と呼ばれるものである。

(2) IPI分析のナラティヴ論的理解

IPI分析とは，ハーバード大学の交渉研究プロジェクトで開発された対立状況の分析モデルである[6]。IPIは，イシュー（争点），ポジション（表層の主張・要求），インタレスト（深層の欲求）という3つの概念で構成される。ポジションとは，「看護師が注射をセットするときよそ見をしていた」「医師が私を侮辱する言葉を言った」などの事実についての主張や，「主治医を変えてくれ」「入院費は払わない」といった要求の主張など，当事者が当初とっている位置を示す発言等である。それに対応して医療側にも反論という形のポジションがある。インタレストは，そうした表層の主張の背景に隠れている深層の欲求やニーズであり，当事者自身，気づいていないことも多い。たとえば，病気が治らず不安で，医師に受け止めてもらいたいといった欲求であり，それが，医師の小さな一言を契機に怒りという形をとって表出していることも多

医療メディエーション：対話による関係調整の新たなモデル

い。イシューは当初ポジションレベルの争点を指すが，対話による気づきを通して「インタレストに即した前向きのイシュー」へと転換されていくことになる。ハーバード・モデルは，ポジションレベルのイシューを解決しても貧困な解決にしかならない，インタレスト・レベルでのイシューに転換しインタレストを満たす解決を求めることが重要とする考え方である。

このハーバードのモデルは，しかし，医療の現場の問題克服にはあまりに単純で，そのままでは適用できない。なぜなら，医療におけるインタレストは，悲嘆や不安といった感情的要素を強く包含しており，またその人の人生観や生きがいにまで及ぶ深さを秘めているからである。それゆえ我々は，ハーバード・モデルのように，ポジションの背後に固定したインタレストが見出せるというシンプルな考え方でなく，インタレストそのものが多層的で，対話（語りと情報共有）を通じて認知フレームが変容し，リアリティの見え方が変わっていく，いわばインタレストのナラティヴ的構築の過程としてIPIの展開を考えていく立場をとっている。

メディエーターは，まず患者と1対1で語ることにより，患者側のポジションの背後にあるインタレストを把握し，同時に患者自身による語りなおしを通じた自身のインタレストへのきづきも促していく。そのうえで，患者と医療者の対話の場で，問いを発して語りを促すことで，患者・医療者双方が，ポジションレベルの対立から離脱し，自身の認知フレームの特性に気づき，インタレストに即した問題の理解を再構成していく過程（語り直しによるリアリティの再構築）を支援していくのである。

感情的な混乱からの離脱，情報共有促進による認知フレームの変容，そして気づきによるインタレストの暫時的再構成を促していくのがメディエーションであり，そのための方向性を見出していく指針となるのがIPIによる当事者の認知の把握なのである。

(3) 三者構造での対話促進の実践

ではこうした背景の分析手法を活用しながら，メディエーターは三者構造で関わる際，どのように振舞うのかを見ておこう。事故やクレームの場合，これまでは患者と医療側が向き合う二項対立での話し合いが普通であった。この場合，双方とも，相手を「対立的相手方」と見ることになる。患者側は，感情的になっているため，「主治医を変えろ」「入院費は払わない」など，実はインタレストとは異なる攻撃的な主張をしてしまいがちである。医療側は，Yesとはいえず，誠実に説明をして納得してもらおうと試みる。しかし，患者側から見れば，いかに丁寧であっても，それは反撃されていると見えてしまう。患者の感情と想いを共感的に受け止めながら聴く姿勢は重要であるが，病院を背負っている以上，最終的には，だめなことはだめといわざるを得ない。こうして対立はエスカレートしていく。

これに対し，メディエーションでは，メディエーターは病院を背負わない，病院から距離を置いた第三極の位置で，患者さんと医療側の対話の橋渡しを行う。まず，患者側の話を，先ほどとは違って，想いを受け止めつつ聴くことに徹し，語ってもらう中で患者自身にも落ち着いて，感情的な主張でなく自身の本当

II 医療メディエーションの背景理論と実践

の望みや問題に気づきをもってもらえるよう促していく。病院側に立った発言はしないのはもちろん，自分の評価や判断もメディエーターは一切いわず，受け止めに徹し信頼を築いていく。医療者の側にも同様に共感的な聞き取りを行った上で，三者面談の場を設定する。

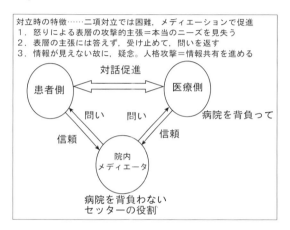

三者面談の場でも，メディエーターは，見解は示さず，エスカレートしがちな患者と病院側の対話が，少しでも深いニーズへの気づきにつながり，前向きの課題に向けて展開していくように「問い」を投げていく。自分の意見の提示や，論点の介入的な整理はいっさい行わない。この役割はバレーボールのセッターの役割に似ている。患者側の問いかけや要求と，それに応える医療側の医学的説明や事故の経緯の説明が，交互にぶつかり合う過程に，適切な「問い」というトスを上げて，対話が穏やかなボールのラリーになるよう促すのである。メディエーターはセッターのポジションに徹し，説明というボールを打ち込む医療側，要求と疑問というボールを打ち込む患者側の役割を支援していくことになる。この第三極のセッターのポジションが加わる

ことで，コミュニケーションの流れは多元化し，認知の齟齬の予防や解消に大きな効果を発する。メディエーションの理念は，当事者が直接向き合って対話し，当事者自身が問題を克服することであって，メディエーターはその場を設定し，その場を支援する黒子の役割なのである。

こうしてメディエーションが目指すのは，患者側が求める主張や争点それ自体の解決というより，そうした対立に至った患者＝医療者間の関係を修復していくことにほかならない。対話を通した情報共有の進展により，関係が修復され，その結果として争点もよりよい形で解決されていくと考える。それゆえ，メディエーターは解決を目指すのでなく，患者＝医療者双方の対話促進と関係修復を目標としなければならない。

(4) 医療メディエーションの技法

こうした過程を促進する医療メディエーション独自のスキルを，詳細にメディエーターは体得しなければならない。よく言及されるアクティブ・リスニングのスキルは当然に必須であるが，感情的な混乱が激しい医療メディエーションの現場では，より細かなスキルが必要となる。たとえば，①詳細な場の設定と準備への配慮，②感情的爆発に対処するスキル，③対立激化を防止するための対話制御，④問いを発する適切なタイミングの理解，⑤適切な論点の取捨選択を促す技法，⑥対立から協調への契機の把握と転換の技法等々。ここでは紙幅の関係から，またこれらは性格上，言語的理解を超えた体感的習得が必要なものであるため，ここでは省略する。その基本は医療メディエーションのテキスト

に記載されているほか，実際のトレーニングの中で多くのロールプレイを通じて体得していくことになる[7]。

III 医療メディエーションの展開と海外での試み

(1) 医療メディエーションの発展

医療メディエーションのモデルは，2000年に入って，現在，山形大学医学部准教授である中西淑美と筆者によって提案され，教育プログラムとして開発された。2005年から，医療機関職員を対象に人材育成を開始したが，ロールプレイなどで細かな指導が必要なため，受講者は1回に30名のみに限り，2日ないし3日にわたる研修として提供してきている。多くの有害事象やクレームに直面しながら適切なモデルが欠如していた医療機関に受け入れられ，その後，瞬く間に医療界に浸透していった。現在も，募集人数に欠けることは，まずなく，旺盛に活用されている。公募による研修のほか，国立病院機構などの各種病院団体，日本医師会始め各地の医師会，いくつかの自治体などが，毎年研修を提供している。この事実自体，その現場での有効性を示唆しているといえよう。すでに12年を経過して，総受講者数は30000人近くに上り，現在では多くのトレーナーも養成され，年間100回程度の研修が各地で提供されている。

また，研修の内容も段階的に構成され，導入編，基礎編のあと，フォローアップ研修，各種のテーマに絞った特定研修，さらに上位のIntermediate研修，Advanced研修へと組織的な教育プログラムが構成されている。受講者の技能の認定は，何段階かに分れ日本医療メディエーター協会が行っている。

さらに，2012年には，中央社会保険医療協議会で，厚生労働省が，愛媛県医師会などの医療メディエーター養成・配置の成果のデータを提示し，診療報酬における加算を提案，これが認められ，現在は，医療メディエーターを配置する病院には，診療報酬加算がつくようになった。医療界では，まさに必須の人材として認知されているということができる。

このほか，現在では有害事象発生後の対応モデルというだけでなく，三者構造のメディエーションの実践だけでなく，日常的な患者への対応にも有益なスキルのモデルとして認識されるようになり，医療機関によっては，看護師長以上の管理職すべてに教育を行ったり，新人研修の中に盛り込むなど，その効果についての認識も広がりつつある。

(2) 海外の医療メディエーション

こうした典型的なメディエーションと言うより，メディエーション・スキルの応用としての院内医療メディエーションは，わが国固有のものだろうか。実は，この10年ほどの間に多くの国で，同時多発的に，メディエーション・スキルを初期対応に応用しようとする試みが行われてきている。

アメリカでは，Carol Houk氏が，わが国同様の院内医療メディエーターモデルを開発し実践につなげてきている[8]。彼女は，もともと海軍病院グループのインハウスの弁護士であったが，医療事故後の初期対応にメディエーション・スキルを活用するモデルを考案し，これを海軍病院グループに適用した。その後，大手の保険会社であり全米38の病院

を経営するカイザー・パーマネンテも，これを採用し，現在では，これらの病院グループの施設には，オンブズ・メディエーターと称する職員が配置されている。

医療安全領域で先駆的役割を果たすミシガン大学でも，Richard Boothman が初期対応モデルを考案し，ミシガンモデルとしてアメリカにおける医療安全活動の先駆的モデルとして評価されている[9]。ミシガン関連病院では，すべてのリスク・マネジャーにメディエーション・スキルの習得が義務付けられており，日本の医療メディエーターと同様の実践が行われている。

また，これらの病院グループとは別に，各病院に必ず配置されている Patient Advocate（語感とは異なり患者相談窓口に近い）も，その必須スキルのひとつとしてメディエーションの習得を推奨している。

さらに医療倫理の領域でも，Bio-ethics mediation, Clinical ethics mediation といった名称で，臨床倫理的課題を含むケースで，医療メディエーターが，患者家族と医療スタッフを巻き込んでメディエーションを実践する試みも行われている[10]。

このほか，イギリスの National Health Service では，Complaint Manager や Patient assistance and liaison service などが各病院に配置され，そこでもメディエーション教育が行われている。フランスやベルギーでは，2000年代前半から，Mediator Hopital と，まさに「病院メディエーター」という名称の初期対応担当者を配置している。

さらに台湾では，日本の医療メディエーション・モデルをそのまま移入し，現在では台北を中心に年間10件程度の医療メディエーター育成研修が行われている。

いずれの国でも医療をめぐる紛争は大きな社会的課題であり，同時多発的に同様の発想に基づく試みが展開されてきているといえよう。

(3) 医療メディエーションの今後

すでにわが国では，医療事故後の初期対応モデルとしての医療メディエーションは，定着しているといってよい。今後は，すでに方向性が見えてきているが，単なる医療事故後の初期対応モデルを超えて，医療者全体が共有すべき理念や技法を包含するモデルとして，より広い意味で拡充していくことが必要となろう。

実際，この研修を受講した多くの医師の感想は，医療メディエーターにとどまらず，多くの医師が学ぶことで，日常診療での患者対応の向上に間違いなく貢献するだろうというものである。実際に，こうした研修を研修医を対象に実施してはどうかという提案も受けることが多い。この面では，しかし，教材やプログラムの医師向けアレンジメントが必要であり，これについて，現在，取り組みが行われつつあるところである。病院によっては，医師が多忙であることから，1日版のプログラムで医師のみを対象に研修してもらいたいという要請もしばしばあり，こうしたプログラムも，次第に整備されてきているところである。このように，医師向け，看護師向けなど，職種の特性に応じた，患者対応能力の養成プログラムとしての発展も今後期待されるところである。

医療メディエーション：対話による関係調整の新たなモデル

注　釈

1　こうしたメディエーション・モデルが社会に浸透するには，背景となる法環境等の相違が大きく影響している。和田仁孝編『ADR の理念と実践』（有斐閣，2007）第 4 章「日本型 ADR における専門性と不偏性」参照。

2　http://jahm.org/pg198.html 参照。

3　同 HP には，医療メディエーターの行動倫理について，より詳細な記述がある。

4　社会構成主義については多くの著作が翻訳されているがさしあたり，ケネス J. ガーゲン『社会構成主義の理論と実践―関係性が現実をつくる』（ナカニシヤ出版，2004）参照。また，メディエーションへの適用として，ジョン・ウィンズレード，ジェラルド・モンク『ナラティヴ・メディエーション―調停・仲裁・対立解決への新しいアプローチ』（北大路書房，2010）参照。

5　和田仁孝・中西淑美『医療コンフリクト・マネジメント―メディエーションの理論と技法』（シーニュ，2006），同『医療メディエーション―コンフリクト・マネジメントへのナラティヴ・アプローチ』（シーニュ，2011）。

6　ロジャー・フィッシャー，ウィリアム・ユーリー『ハーバード流交渉術』（三笠書房，1989）。

7　前掲注(5)・和田・中西 2011．

8　たとえば，Carol Houk "The Internal Neutral: Why doesn't your hospital have one?" Mediate.com, http://www.mediate.com//articles/houk.cfm 参照。

9　Richard Boothman, Amy Blackwell, Darrell A. Campbell, Jr., Elaine Commiskey, and Susan Anderson, "A Better Approach to Medical Malpractice Claims?: The University of Michigan Experience" Journal of Health & Life Law vol. 2 No. 2, 2009. 参照

10　たとえば，そのテキストとして，Carol Liebman and Nancy Neveloff, *Bioethics Mediation: A Guide to Shaping Shared Solutions*, Vanderbilt Univ. Pre. 2011，および，Autumn Fiester, "The Failure of the Consult Model: Why "Mediation" Should Replace "Consultation". Retrieved from http://repository.upenn.edu/bioethics_papers/55。

日本仲裁人協会研究講座
一般財団法人日本ADR協会「相談機関訪問ヒアリング」プロジェクトについて

佐藤　昌之（さとう　まさゆき）
日本ADR協会 調査企画委員

日本仲裁人協会研究講座 一般財団法人日本ADR協会「相談機関訪問ヒアリング」プロジェクトについて

　日本ADR協会では2016年度，新たな企画として「相談機関訪問ヒアリング」を展開した。これは裁判外紛争解決活動の活性化のために消費生活センターに代表される相談機関とADR事業者の連携を強化することを目的とした活動である。これまでも日本ADR協会はADR促進のために様々な活動を行ってきたところであるが，それらの活動は実務者研修等に代表されるようにADR事業者に関するものがほとんどであった。ところがこの「相談機関訪問ヒアリング」はADR事業者に対する直接的な活動とは異なりADRの前段階，相談機関に向けた活動であり消費者紛争をADRに繋げていくための活動である。本稿ではこのような活動を行うに至った背景，そしてこのような活動の成果等について説明する。

I　自動車PLセンター時代の経験

　私は平成22年から25年までの間（公財）自動車製造物責任相談センター（以下「当センター」という。）[1]の常務理事・事務局長を務めていた。当センターは消費者と自動車製造者等との間に発生する自動車の製造物責任に関する紛争を「和解のあっせん」や「調停案の提示」等の手続により解決することを目的に設立されたADRであり年間3,000件程度の「相談」を受け付け[2]，契約している弁護士による「和解の斡旋」を20件程度実施している。当センターは当センターに相談を持ち掛けてくる相談者に当センターの対応や満足度等に関するアンケートを実施している。自動車業界的なアプローチと言ってよいものである。このアンケートは2005年から

は毎年実施されておりアンケート結果は当センターの活動の改善に役立てているのであるが，それだけでなくアンケート結果を見ると当センターの置かれている様々な状況が理解できる。中でも注目すべき点は消費生活センターの存在が当センターにとって非常に大きな影響力を持っているということである。表1[3]は「自動車製造物責任相談センターを相談者がどのようにして知ったか」という質問に対する平成23年度から27年度までの回答結果であるが，この5年間において安定的に1位でかつ圧倒的に比率の高いのは消費生活センターからの紹介であった。更に表2[4]であらわされている通り，消費生活センターの相談員自身からの相談も年間400件前後寄せられている。このようなことから当センターでは定期的に当センターの相談員が最新の「活動状況報告」を持参して，全国各地の消費生活相談センターや地方自治体の消費者行政担当者を訪問する広報活動を継続して実施している。（ちなみに2013年度には全国18都道府県の消費生活センター合計161ヶ所，国や自治体の消費者行政窓口など21ヶ所を訪問した。）この訪問では，当センターの相談員が一日に4～6の事業所を訪問し，当センターの手続の実施状況や受け付けた相談の傾向や特徴などを説明するものである。私もその活動に参加し消費生活センターを回ってみると，いろいろな事が判った。代表的なものとしては，

①消費生活相談員には女性が多いこともあり，自動車関連の紛争等の相談は不得意で，敬遠されがちであること
②自動車の相談と言っても不具合やメンテナンスといった技術に関わるもの，販売に関

するもの，中古車に関するもの等々範囲が広く対応に苦慮していること

このような課題があることを理解したためいくつかの対策を実施した。すなわち

① 消費生活相談センターで行われる研修会へ講師を派遣する場合，最新の自動車技術の紹介に加え紛争の法的枠組み等も説明するようにした。

② 自動車に係わる紛争について設置されている相談受付機関一覧表を作成して消費生活センター訪問の際に持参し配布した。（自動車事業に関しては業界団体等で設置した紛争の相談受付機関がいくつか存在しているものの，機能別に専門化されているため消費生活センターで受け付けた相談に対応できる適切な機関を見つけ出しにくいという欠点があった。）

このような改善活動を続けていく中で実感したのは消費生活センターにおける相談業務の大変さであった。社会，特に情報技術の発展に伴い過去にはなかったような新しい消費者紛争例えば，インターネット不正請求等が次々に生まれている。消費生活相談員にとってはこのような新たな知識を習得することにも労力を割かねばならないし，その解決に尽力しなければならない。これは非常に厳しい状況であり消費生活相談が全てを引き受け解決するということは不可能に近いのではないかと思い次のような提案を行った。

○消費者被害対応体制への提案
① 現状の課題
● 消費者紛争はこれからますます複雑化，高度化，多様化する。
● これらすべてを消費生活センターが自前ですべてを解決することは不可能と思われる。
● 消費者紛争解決のために用意されている社会的リソースを活用することで消費生活センターのリソースをさらに効果的に活用することが必要。

② 対応方針

消費生活センター相談員は紛争解決者であるだけでなく，「紛争解決コーディネーター」となることで公共の福祉への更なる貢献が図れるのではないか。

③ 具体的進め方
● 消費者相談センター毎に自己分析し，消費者紛争の内その消費生活センターで解決する「自力解決領域」とそれ以外の「他力活用領域」に分ける。
● 「他力活用領域」とした消費者紛争について，それらの紛争の解決が図れる適切な相談機関，ADRをリストアップする。
● 受け付けた相談を上記の分類に従い分別して対応する。

このような考え方に基づくフローチャートを作成して，消費生活センター訪問時や講習時に説明提案を行ってみた。その結果おおむね合理性があるとの評価を受けた。しかしながら具体的に実施するためにはもっと細目にわたる手順書や具体的事例がないと実施は難しいものと思われた。

Ⅱ 日本ADR協会での活動

平成24年から日本ADR協会の調査企画委員として活動することになった。この役責になって理解したのは想定していたことではあるが多くのADR事業者が財政的に厳しい状況にあることであった。ADR事業だけでは経費すら賄うことができず上位組織からの

援助やボランタリー的献身によりなんとか活動を続けているようなところが多く，ADR事業の収益で「健全なビジネス」として成り立っているADR事業者は限られた存在でしかない。これでは「裁判に並ぶ魅力的な紛争解決の手段」になるのは到底無理なのではないかせっかく設立された様々なADRをどうすれば「健全なビジネス」として存続させることができるのか非常な難問である。しかしながら，反面，社会には多くの潜在的な消費者紛争が表に出ないまま当事者の泣き寝入りという解決を迎えているという現実がある。このような消費者紛争をできうる限り顕在化させ紛争解決のルートに乗せていくことがADRの実施件数を増加させることに繋がれば社会にとっても有益なことになるのではないかと考えた。そのためにはまずは一般的な消費者が一番相談を持ち込みやすい消費生活センターとADRがお互いをもっと良く理解し，利活用することが必要であろうし消費生活センターがADRを利用する場合の障害があるならば，まずはそれを理解し，取り去らなければならないといった想いから「相談機関訪問ヒアリング」プロジェクトを思いつき推進したのである。

Ⅲ 「相談機関訪問ヒアリング」について

「相談機関訪問ヒアリング」の構想が出来上がった後に実施に向けた具体的方法について検討を進めた。まずテーマは「紛争解決活性化のための相談機関/ADR事業者連携」とした。そしてこのテーマを設定した背景，つまり現状の問題点を次のように整理した。

①国民生活センターの調査によると潜在的な消費者紛争は顕在化された紛争の数倍存在していること。
②ITを始めとする技術の進化や社会の進化により消費者紛争は多様化，高度化しており，消費生活センターなどの相談機関は非常に多忙となっていること。
③設立されたADRにおいて紛争解決の実施件数はなかなか増加しないこと。
④一方で顕在化していない消費者紛争が多く存在し，また一方で紛争解決件数を上げたいADR機関が多く存在しているこの現状は社会的リソースのアンマッチがもたらす非常に不合理で「もったいない」状況と言えること。

この社会的課題を解決することはADRの促進に資することでありかつ公共の福祉にも沿うものである。以上の問題における課題の核心を「相談機関とADR事業者を有機的に結合させ潜在的紛争を取りこぼすことなくADRのルートに乗せ，ADRを活性化させるしくみを構築する必要がある。」という表現にまとめ，これを実現させるための施策として「ADR事業者による相談機関への訪問ヒアリングを実施する」ことを提案したのである。更にプロジェクトとして推進するために目的と目標を明確にした。

目的：相談機関とADR事業者との連携協力関係を強化するための方法を探る。

目標：訪問ヒアリングで相談機関とADR事業者との提携協力を阻害している原因を明確にし対応方針を構築する。

このように「相談機関訪問ヒアリング」プロジェクトの目的，目標を明確に設定した上で実際のヒアリングの進め方，ヒアリングで

聞き出すポイントをまとめた。
1. 相談機関に聞くべきこと
   ADRの利用経験や利用後の感想そして改善すべきところ等になるので①ADRについての認知度確認，②ADRを利用したことがあるか否か，③ADRを利用したことがあるなら，ADRに取り次いで良かったこと／悪かったこと，④ADRを利用したことがないならその理由，⑤ADRに取り次ぐことに対する意見，気持ち，⑥ADRに期待すること，⑦相談事案をADRに紹介する場合その後の進展についてのフィードバックの必要性の有無等とした。
2. ADR事業者から伝えるべきこと
   ①相談機関から受けた相談事案の進め方についての発生する問題，②相談機関に対する要望等とした。

　なお，ヒアリングが円滑にすすめられるようにヒアリング実施の際には日本ADR協会の調査企画委員が主催者として立ち会い，双方の意見を取りまとめて相談機関とADR事業者との協力連携関係構築の可能性の確認とその提案を行うこととした。

Ⅳ 「相談機関訪問ヒアリング」の展開

　相談機関と連携の重要性については日本ADR協会の主催するイベントを通してADR事業者に徐々に理解されていった。具体的には，2014年7月11日にシンポジウム「相談機関とADR機関の連携のありかたについて」を開催し問題提起を行い，2015年11月に東京の商事法務研究会及び大阪弁護士会会館で開催された「実務研修・実務情報交換会」においてこの「相談機関訪問ヒアリング」を説明提案し，参加希望者を募集した。これに応じて8つのADR事業者から実施したいとの希望が寄せられ，更に2つのADR事業者から詳細についての問い合わせが寄せられた。

Ⅴ 「相談機関訪問ヒアリング」の成果

　2016年8月までに4回のヒアリングが実施され参加した消費生活センターとADR事業者の理解促進が図られ，また非常に貴重な情報が収集された。今後目指していくべき相談機関とADR事業者の連携強化に資する幾多のヒントが集められたと感じている。実施されたヒアリングの報告等を中心にどのような意見があり，またどのような情報交換が行われたかを以下に分けて提示する。なお，情報の中にはセンシティブなものがあり当事者に迷惑がかかることを防止するため，どの消費生活センターでのヒアリングにおける意見であるかは明示しないこととする。

1 相談内容，相談機関の現状（消費生活センターから）について
- 最近の相談内容では「光回線工事」，「通信販売」，「敷金・原状回復」，「若年層のネットトラブル」等が多く寄せられている。
- 最近は，「格安電話サービス」「プロバイダ」「出会い系サイト」「ネットショッピング」などインターネット関連が急増している。
- 受け付ける相談の中で対応が難しいと感じる事案は，「建築・リフォーム関係」「外国債券の事案」である。
- 当消費生活センターの年間相談受付件数は

約 6,000 件であり役務に関する相談が約 60％となっており，その中でも運輸・通信サービスに関する相談が全体の約 30％を占めている。
- 最近の相談者の特徴として高齢者が比較的多い。
- 消費者からの相談に対しては相談員がアドバイスをして本人自身による解決を支援する他，場合によっては間に入り斡旋を行うこともある。消費者本人自身による交渉や斡旋によっても解決に至らない場合，個人同士のトラブルや事業者同士のトラブル，事業者からの相談等については，基本的には弁護士会の無料法律相談センターを案内するケースが多い。
- 相談を受けて相手方に取り次いだり，交渉を促したりの対応をするが対応が難しい相手方は電話にすら出ないで責任者が居留守を使うタイプ。

2 相互理解に関する意見
- ADR 事業者による訪問は今回が初めてであったため消費生活センターから具体的な調停事例，手続きの進め方，費用支払いのタイミング，調停の回数等に関する質問が相次いだ。
- ADR を利用したことがない消費生活センターでは「その存在を知らない」「利用できそうなケースがピンとこない」との意見があった。
- 無料法律相談を訪問した ADR 事業者が実施していることを初めて知った。消費生活センターでは対応できない個人間のトラブルのような相談が寄せられている現実があり今までは，弁護士会を紹介していたが，弁護士会であると敬遠してしまう相談者もいたので，そのような相談については訪問した ADR 事業者との協力の余地がある。
- 訪問した ADR 事業者で対応できる案件とできない案件があることが説明されたので当消費生活センターでは今後，弁護士会への紹介と訪問した ADR 事業者への紹介とを使い分けて今より広い紛争対応ができるようになるようになるのではないかと期待している。
- 立ち会った日本 ADR 協会の者が当消費生活センターの相談員へ訪問した ADR 事業者から直接業務説明の機会を別途設けることを提案し，訪問した ADR 事業者も今後当消費生活センターへの広報を強化するとの提案があった。
- 消費生活センターと ADR 事業者の両者が両者の機能，困りごと等を直接話し合った今回の会議は両者にとって有益なものとなった。
- ADR 事業者からは法務省発行冊子を利用して業務内容を紹介し，高いレベルでの紛争解決の実績も伝えられた。又，法律扶助も ADR に適用される法改正があり使いやすい制度へと改良されている旨の伝達も行われた。
- ADR 事業者を使うイメージができないということでいろいろ議論したが，消費生活センターで受けられないような近隣トラブルのような類の受け皿があると良いという話があり ADR 事業者側でもそういうものは相談に回してほしいという話がされた。
- 騒音・異臭トラブルなど近隣関係の紛争といった消費生活センターでは扱えない事案で使えると有り難いとの意見があった。

V 「相談機関訪問ヒアリング」の成果

- ADRについてまとめた資料が必要で，形態としては「費用・手続の流れなどの説明をしたリーフレット」「紹介可能なADRについて簡単にまとめたリストが必要で，それは具体的にどういう事案で使えるかが一目でわかる資料」で更に「地域別でまとめられているのが望ましい」という具体的な意見があった。
- ADR事業者から，ホームページ等の改善点やスカイプ・テレビ電話等を利用した遠隔地調停の可否など知らなかった有意義な情報提供があった。

3　ADRに対する意見

- ADR事業者への紹介が躊躇われる理由としては「解決の迅速さを求める相談者が多いこと」「少額訴訟での解決が進められること」「民事調停を利用していること」等があげられた。
- 受け付けた相談をADR事業者につなぐ際には相談は電話で来ることが多いので書面を要求するのはいろいろ難しい面があるとの意見があった。
- ADR事業者を紹介したことがある場合の感想として「相手方が受諾しないと進められないので，そこがハードル」という意見があった。
- ADR事業者に相談事案を紹介することについて標準承諾書のようなものが必要であるかという質問には，電話相談なのでそのような書面は現実的ではない。口頭で承諾をとるとの意見であった。
- ADRについての全般的な意見としては「どういうADRがあるかわからないし，相手が拒否されると使えないのでどういう場合に紹介してよいかわからない」「近隣トラブルなどセンターで扱えないものの受け皿はあるとよいが，たらい回しにされているように思われると困る」「どのADR機関ならどういうことができるか見えるようにしてもらいたい」といった意見が出された。
- ADRについては裁判のような強制力が無いことから消費生活センターが行っている斡旋と同じようなものであるとの認識であり斡旋が不調に終わった事案に対してさらに紹介するメリットをあまり感じないという消費生活センターからの意見に対し，消費生活センターがそもそも扱えない相談に対しては紹介する選択肢に入りうるという意見を出した。

4　その他

- ADR事業者が法教育で市教育委員会との連携について話し合っていることが紹介され，これを知らなかった消費生活センターには若年層向けのネットトラブル防止等でそのような連携を利用出来ないか両機関で課題にしたいとの認識が生まれた。
- 消費生活センターから紹介した機関の手続ではトラブルが必ず解決されると期待する相談者が多いことから紹介を受けたADR事業者は解決が約束された手続ではないことを最初の段階で必ず説明し，そこでのADRが不調に終わり他の手続を案内する場合はたらい回し感を与えないようにして欲しいとの意見があった。
- 消費生活センターがADR事業者を紹介した場合「相談者自身ではない第三者からの情報を受けることはできないこと」「相談者自身から結果の報告がなされる場合も多

いこと」「相談者が実際にどの機関に相談したかは消費生活センターでは把握していないこと」からADR事業者から結果のフィードバックについては不要との意見があった。

VI まとめ

この相談機関ヒアリングを企画する際に消費生活センターにはADRに対する理解が乏しいところやADRをあまりよく知らないために警戒的反応を起こしてしまうところがあるだろうしADR事業者にも消費生活センターの訪問が初めてで話のポイントに迷うところがあるだろうと想定し、そのような当事者同士であっても話し合いが円滑に進められるように質問項目と質問構成を考えて「質問表」を準備し、これを利用することを想定した訪問インタビューを実施したが、中にはADRについて十分に調査し、他の手続きと比較検討した上でADRの利用の有無を決定しているような消費生活センターも存在していたし「質問表」を利用する必要もなく当事者間で話題が展開していくようなケースもあった。反面、予想通りADRに対する理解が不十分なため利用をためらっている消費生活センターも存在した。相互理解のレベルはまちまちであり、これを改善していく必要性を再確認した。

消費生活センターの相談員は非常に多忙であり利用できるADRがあり、その特徴を十分理解していれば相互に助け合える余地があることは明白であることから、相互理解のための努力を更に進めていく必要がある。その際、ADR事業者は①自己の解決事例や具体的な取扱紛争、専門性やアピールポイントを消費生活センターに明確にわかりやすく伝えるにはどうすべきか、また次の段階として②適切なADRを選択するために消費生活相談員や消費生活センターに相談に来た消費者が参照しやすいマテリアルはどのようであるべきか等現場での利活用を想定しながらADRに関する情報発信の方法を検討すべきと考える。

相談機関とADR事業者との相互理解を促進し協力関係を構築していくことでより多くの紛争解決を図り、公共の福祉への貢献を高めていくことができると思われるので、そのための努力を今後も継続していきたいと考えている。

注 釈

1 （公財）自動車製造物責任相談センターについて，
設立：1995年4月3日。解決サポート認証取得：2007年11月5日。公益財団認定：2011年3月23日。
目的：自動車，二輪自動車，原動機付自転車及びこれらの部品用品等に係る製品関連事故の未然防止及び公正で迅速な被害救済を図るため，自動車等の製造物責任（品質に関する苦情を含む）に関する紛争の適正な解決に資する活動を行う。
活動内容：「相談」，「和解のあっせん」，「審査」
相談員：6名。相談料：無料

VI まとめ

【和解のあっせん】
実施者：相談センター付弁護士（電話受付可），手数料：無料
審査：審査委員会（法学者，工学者，弁護士，消費生活アドバイザーで構成）6名の合議制
審査料：両当事者からそれぞれ5,000円

2　自動車製造物責任相談センター年度別相談受付件数の推移

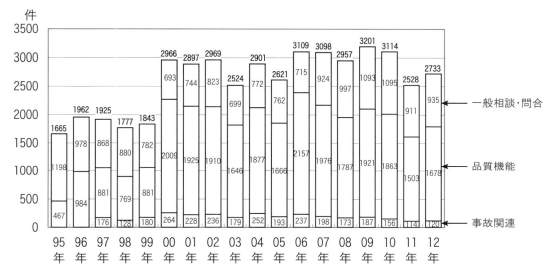

和解のあっせん件数と審査件数（2012年度）

①和解斡旋

和解斡旋受			23
	継続	次年度に継続	4
	修了	和解成立	11
		相手方不同意	3
		取下げ（同意撤回）	2
		弁護士判断で中止	1
		斡旋不調	2
修了案件の内，審査移行			0

3　表1　消費者が自動車PL相談センターを知った方法

		23年度	24年度	25年度	26年度	27年度
1位	消センからの紹介	42.0%	41.2%	43.3%	45.8%	49.3%
2位	HPを見て	28.3%	22.7%	26.7%	35.2%	28.5%
3位	行政機関からの紹介	13.7%	17.1%	14.5%	9.8%	11.1%
	上位3位までの合計	84.0%	81.0%	84.5%	90.8%	88.9%

日本仲裁人協会研究講座 一般財団法人日本ＡＤＲ協会「相談機関訪問ヒアリング」プロジェクトについて

4　表2　消費生活センター相談員からの相談件数

	23年度	24年度	25年度	26年度	27年度
相談件数	404	460	382	393	421
占有率	16.0%	16.8%	13.9%	14.1%	15.4%

相談機関訪問ヒアリングにご協力いただいた消費生活センターとADR事業者

千葉県消費生活センター	千葉司法書士会調停センター
香川県消費生活センター	香川県司法書士会調停センター
札幌市消費者センター	北海道行政書士会
北海道立消費生活センター	札幌司法書士会ADRセンター

国際商事仲裁における仲裁人の選任
── 主要な国際仲裁規則と実務的観点から

髙取芳宏（たかとり　よしひろ）
オリック東京法律事務所・外国法共同事業弁護士（日本及び米国ニューヨーク州登録），英国仲裁人協会上級仲裁人（F. C. I. Arb.）

松本はるか（まつもと　はるか）
オリック東京法律事務所・外国法共同事業弁護士，英国仲裁人協会仲裁人（M. C. I. Arb.）

国際商事仲裁における仲裁人の選任 ―主要な国際仲裁規則と実務的観点から

【はじめに】

急速に進むビジネスのグローバル化に伴い，国境を超えた紛争解決の必要性が高まっており，そのような潮流の中，国際商事仲裁制度も注目を浴び，かつ現実的な必要性が高まっている。本稿では国際商事仲裁の要といえる仲裁人・仲裁廷の役割と義務，仲裁人の選任における実務的な留意事項，仲裁人の不偏性・独立性とそれを担保するための情報開示制度と忌避制度を概観した上で，仲裁人の情報開示義務に関する近時の大阪高裁及び最高裁の判断につき若干の考察を行なう。

I 仲裁人・仲裁廷の役割と義務

(1) 仲裁人・仲裁廷の役割

仲裁人・仲裁廷の役割は，当事者間の紛争を解決するために仲裁手続を進行させ，指揮を行い，判断を下すことであり，仲裁手続の中での命令（Order），仲裁判断（Award）を作成，交付する権限を有し，その中には，暫定的保全措置（Interim Relief Order）を出す権限が含まれる[1]。また，緊急仲裁人には，仲裁人が選任される前に緊急保全命令を出す権限が与えられる[2]。そのため，仲裁人の技量，経験，知識は仲裁手続の質に非常に大きな影響を与えるし，その判断については，上訴の可能性すらないという意味においては，裁判官よりも強大な権限を有しているとも言い得る[3]。

(2) 仲裁人の義務

(a) 仲裁人の不偏性・独立性と信頼が依拠する外観

上記のような役割と権限を有する仲裁人・仲裁廷は，後に詳述するとおり，不偏であり当事者から独立していなければならない。また，このような不偏性・独立性については，実際にそれらを満たすという必要性とともに，当事者あるいは関係者に「そのように見える」という外観（Appearance）に対する信頼・信用が非常に重要である[4]。

(b) 守秘義務

仲裁手続を利用するメリットとして，手続及び内容の秘密性が重視されるところ，仲裁人の守秘義務は，このような秘密性を基礎付けるものとして，仲裁の根幹に位置づけられる。各仲裁機関や組織の規則を見ると，LCIA, SIAC, AAA, ICSID 等，仲裁人の守秘義務を明示している規則は多く，ICC や UNCITRAL のモデル規則等，仲裁人の守秘義務を明示していない機関や実務においても，仲裁人の守秘義務は前提とされている[5]。

(c) 可用性（availability）の確保

紛争の解決を委ねられている仲裁人・仲裁廷としては，迅速に効率よく仲裁手続を進行し，紛争を解決する義務を両当事者に対して負っており，近時の ICC 規則等は，明確に，仲裁人の可用性の確保をその選任段階の条件として明示し，宣誓を要求している[6]。

(d) 迅速遂行義務

上記の可用性にも関連する義務として，仲裁人の迅速遂行義務が挙げられる。この点，仲裁手続の期間について制限を設け，迅速な解決を促す仲裁規則や機関も多く[7]，迅速な解決という仲裁手続の根幹を支える，重要な義務といえる。

Ⅱ　仲裁人選任の留意事項

(1)　仲裁人の人数

通常，国際商事仲裁において仲裁廷は1人又は3人の仲裁人によって構成されるが[8]，いずれが望ましいかは，実務上，次のようなそれぞれのメリット（他方のデメリット）を勘案した上で，検討することとなる。

(a)　仲裁人を1人とするメリット

仲裁人を1人とするメリットとしては，審理の迅速性の観点が挙げられる。仲裁人が1人であれば，審問期日のスケジュール調整等がスムーズに行えることが期待でき，仲裁手続の様々な場面において，他の仲裁人と協議する必要がなく，単独で判断できることから，迅速な進行が期待できる[9]。また，仲裁人を3人とした場合と比較してコストを抑制できる点も実務上重要なメリットとなる。仲裁人を1人とすることで，仲裁人の報酬は仲裁人を3人とした場合の約3分の1になる[10]。

(b)　仲裁人を3人とするメリット

他方で，仲裁人を3人とするメリットは，より慎重な検討及び協議を経る結果，当事者が合理的に想定し得なかったような不可解な仲裁判断が言渡されたり，重大な事実関係が見落とされたまま仲裁判断が言渡されるリスクを軽減できる点が挙げられる。また，紛争が科学的・技術的な専門知識等を要する争点を含む場合には，当該分野につき見識を有する仲裁人を仲裁廷に含めることにより，誤った理解に基づく仲裁判断がなされるリスクを軽減することが期待される。さらに，異なる国家，法体系，文化，言語を背景とする当事者間の紛争において，当事者としては自己の主張をその背景とする法体系や文化等を含めて理解できる仲裁人の選任を望むのが一般的であるから，仲裁人を3人とすることにより，当事者は自己の主張をその法体系や文化的背景等を含めて理解できる仲裁人を少なくとも1人は選任することが期待できる点は，重要なメリットとして挙げられる[11]。

(c)　仲裁人の人数の決定方法

仲裁人の人数につき当事者間の合意がない場合に，原則として1人とするか3人とするかは，仲裁規則等によって取扱いが異なる。例えば，ICC仲裁規則は原則として単独仲裁人が選定される旨規定し[12]，UNCITRAL仲裁規則は当事者の合意がない場合には仲裁人を3人とする旨規定する[13]。実務的には，契約書の仲裁条項において仲裁人の数につき合意しておくケースも多く見られる。

(2)　仲裁人選任に関する実務的考慮

仲裁における当事者は，裁判と異なり，自ら判断権者を選任し，ないしは選任に関与する機会を与えられており，かかる権限や機会を活かすべく，以下に挙げるような様々な考慮要素を勘案し自己に最適な仲裁人が選任できるよう検討することとなる。

(a)　法律家・専門家としての資質

仲裁の対象となる紛争が特定の法分野や専門的技術に関するものであれば，かかる分野・技術に見識を有し経験豊富な仲裁人を選任することが特に重要となる。更に，国際商事仲裁においては，異なる法体系出身の当事者による争いが珍しくないため，特に単独仲裁人・第三仲裁人においては異なる法体系への理解が重要となる。

仲裁人が弁護士の資格や元裁判官の経歴を有することは基本的には必須ではなく，紛争

の対象が特定の技術に関する場合には，当該技術の専門家を仲裁人に選任するケースも見られる[14]。但し，特に国際商事仲裁においては抵触法の問題が生ずることも多いこともあり，特に単独仲裁人・第三仲裁人にはこの種の知見に長けた法律専門家が選任されることが一般的であるといえる[15]。

(b) 個人としての資質

また，当事者選任仲裁人においては，他の当事者選任仲裁人や第三仲裁人を説得する能力及び信頼性が重要であるといえよう。そして，第三仲裁人においては更に，当事者選任仲裁人から敬意を表され，影響力が強いことが重要であると考えられる。第三仲裁人は，当事者選任仲裁人間で意見が対立しているような場合に，判断を示し手続を進めていかなければならない場面があることから，第三仲裁人にこのような資質が備わっていないと仲裁手続全体のコントロールが効かなくなり，進行が遅延することにもなりかねない[16]。

(c) 国　　籍

仲裁規則の中には，不偏性の観点から，原則として当時者と国籍を同じくしない単独仲裁人や第三仲裁人を選任する旨規定しているものがある。例えば，ICC 仲裁規則第13条第5項は，原則として単独仲裁人または仲裁廷の長の国籍は，当事者の国籍以外のものでなければならないと規定する[17]。

この点，準拠法を日本法と定めた国際商取引が仲裁に発展した場合，実体法上は主に日本法が問題となるが，日本国籍を有さない日本法の専門家は少数であることから，国籍要件を満たす日本法の専門家を探すことは実務上困難となる[18]。このような場合，当事者たる日本企業としては，少なくとも当事者選任仲裁人には日本法の弁護士等の専門家を確保する等の対応が検討される。

(d) 可用性（Availability）

実務上，仲裁人の可用性は手続全体の迅速な進行のために非常に重要であり，ICC 仲裁規則第13条第1項は，仲裁裁判所が仲裁人を選定する際には候補者の可用性を考慮すると規定する。もっとも，高名な仲裁人は多忙である場合が多く，当事者や仲裁裁判所が選任を望む仲裁人が可用性を確保できるかどうかは実務上難しいポイントである[19]。

(4) 仲裁廷構成の手続

仲裁廷は仲裁事件毎に構成される。仲裁廷の構成手続は様々であり，当事者の合意内容や採用される仲裁規則によって定められる。比較的一般的な方法は，まず，各当事者が1名の仲裁人を任命し（一方当事者が期間内に指名しない場合は，選任機関が任命する），各当事者が任命した2名の仲裁人が第三仲裁人を任命する（期間内にその任命について合意できない場合は，選任機関が任命する），という方法である[20]。第三仲裁人は，仲裁廷の長を務める。

(5) 仲裁人候補者への事前インタビューの留意点

仲裁人の選任にあたり，当該仲裁人候補者の専門性・経験，コンフリクトの有無，可用性，語学力，健康状態等に関する情報を確認することには一定の合理性が認められる。しかしながら，インタビューに際して，仲裁で争点となる事項につき候補者の見解を探るようなことが行われれば，仲裁人の不偏性への重大な毀損行為となり得る。そこで，Chartered Institute of Arbitrators（CIArb.）は，仲裁人候補者の不偏性を担保するため"Interviews for Prospective Arbitrators"[21]と題するガイドラインを公表し，以下のような指針を示している。

(a) **インタビューにて直接又は間接的に協議してはならない事項**
  ① 紛争の原因となる具体的事実又は状況
  ② 両当事者の立場又は主張内容
  ③ 仲裁の実体的当否に関する事項
  ④ 当事者の主張や請求に対する仲裁人の見解

(b) **インタビューにて協議してもよい事項**
  ① 当事者及び紛争に関与している第三者の名称
  ② 紛争の一般的な性質
  ③ 候補者の経験，専門性
  ④ 仲裁人の可用性

(c) **インタビューの方法**
  ① 後日インタビューの内容に疑義を生じた場合に備えて，当事者の合意を得て，録音記録，又は詳細な議事録を作成することも有用である。
  ② 録音記録や議事録の開示に関する一般的な義務は無いものの，忌避のリスクを低減するために当該仲裁人が有用と考えた場合には，就任直後に全ての当事者や仲裁廷の他の仲裁人に開示することが考えられる。
  ③ インタビューは可能なかぎり，仲裁人候補者のオフィスや中立的な場所で実施すべきであり，飲食を供すべきではない。

Ⅲ 仲裁人の不偏性・独立性と情報開示

(1) 仲裁人の不偏性・独立性とは

仲裁制度に対する信頼性を維持するため，手続及び判断機関に偏りのないことが重要であり，多くの仲裁規則は，手続の不偏性を明文で定める[22]。そして仲裁手続が不公平になされた場合には，仲裁判断の取消を定める仲裁法がみられ[23]，また，ニューヨーク条約は，かかる仲裁判断に基づく執行を拒絶できる旨を定めている[24]。その結果，多大な費用・時間・労力を投じた手続が水泡に帰する可能性すらある。

他方で仲裁人の不偏性は当事者や争点に対する中立的な見方をしている，という心理的状態をいい，独立性と比較してより主観的かつ抽象的な要素といえ[25]，直接的に判断することは難しい。そこで，多くの仲裁規則は，仲裁人に求められる資質として，不偏性とともに独立性を要求し，これらを欠く場合に当事者からの申立により手続から排除するための手続（忌避）を用意している[26]。そこで，仲裁廷を設置するに際して，仲裁人（候補者）の独立性を確認するための手続が不可欠となる。

(2) 仲裁人の不偏性・独立性に関する情報開示の必要性

以上のような不偏性・独立性に対する要請から，多くの仲裁手続の規定は，仲裁人候補者に対して，その不偏性・独立性に疑いを生じさせるおそれのある事由が存在する場合には開示を求め，仲裁人として選任され手続が進行している場合にあっても，そのような事

由が生じた場合には，直ちにその事由を開示したうえで当事者の判断を仰ぐよう求めている。

この点，後述の大阪高等裁判所の決定事案[27]においては，仲裁人が自身に忌避事由の生じた事情を適切な時期に開示しなかったという手続違反を理由に，JCAAの仲裁手続により得られた仲裁判断を取り消す判断が示された（同事件は仲裁の申立から仲裁判断まで3年以上の期間を要していた）。この事案の判断自体については，国際仲裁の実務の観点から，多くの批判がなされるところであり，実際，上告審においても平成29年12月12日に破棄差戻しの決定が出されている[28]。しかしながら，仲裁人の開示義務違反を理由に不服申立がなされ，仲裁判断が取り消されたり，執行が拒絶されたりするような場合には，仲裁手続に要した期間や，当事者の努力，出捐した費用が水泡に帰する可能性もあり，仲裁人の不偏性・独立性に関する情報開示には，特段の留意を要するといえる。

(3) 各仲裁規則における開示手続の定め

この点，UNCITRALモデル法，同規則，ICC，SIAC，JCAAの各仲裁規則及び日本の仲裁法は，いずれも仲裁人として指名を打診された者に対して，自らの不偏性・中立性に疑いを生じさせるおそれのある事情を開示させる義務を定めており[29]，仲裁人が手続を通して不偏性・独立性を維持すべき，との原則に基づき，選任後においても自らの不偏性・独立性に疑いを生じさせるおそれのある事由が存在する限り，仲裁人に対して全ての当事者への開示義務を負わせている[30]。

(4) IBA Guidelines on Conflict of Interest in International Arbitration

(a) 開示義務にかかるガイドラインの必要性

以上の通り，国際仲裁に用いられる様々な仲裁規則・法は仲裁人（候補者）の不偏性・独立性に疑いを生じさせるおそれのある事由が存在する場合の開示義務を定めるものの，具体的にどのような事実を開示すべきかを規定していない。例えば，一般に英米法系の仲裁人候補者の方が大陸法系の仲裁人候補者より，関連性の弱い事実についても広範に開示すると言われるなど，異なる文化圏から指名される仲裁人（候補者）が極端に異なる判断基準を用いて開示手続に臨むことから生じる手続的なリスクを可能な限り回避する必要性が認識されてきた[31]。

そこで，仲裁人の不偏性・独立性に疑義を生じさせうる事由，すなわち，開示の対象となる事由の統一的な判断基準を示すガイドラインが，International Bar Association（IBA）によって作成され，「IBA Guidelines on Conflict of Interest in International Arbitration」として公開されている。

(b) IBA Guidelinesの趣旨と射程範囲

IBAは2004年に，仲裁人の独立性に関する開示事項についてのガイドラインを発行しており，その後，同ガイドラインは国際仲裁の運用現場において，長い間，広く参照され，具体的な指針としての役割を果たしてきた。その後，蓄積された事例から明らかとなった問題点への対応策を反映すべく，その射程範囲の明確化や新たに湧き上がった様々な争点の解決を目的として，2012年から見直作業が開始され，2014年10月に改正ガイドラインが発行された。

III 仲裁人の不偏性・独立性と情報開示

改正ガイドラインは，旧ガイドラインと同様に法規範ではなく，手続に適用される法律や仲裁規則には劣後するものの仲裁人の独立性につき判断を要する様々な具体的問題に対して，効果的な解決を示す指針として広く受け入れられることが，期待されている。そこで，今後，広く参照されることが期待されている改正ガイドライン（IBA Guidelines）の概要を以下に紹介する。

(c) IBA Guidelines の概要

IBA Guidelines は，Prat 1 の一般的規範（規範1乃至7）と Part 2 の実務的適用の指針から構成されている。

① Part 1：不偏性・独立性と開示に関する一般的規範（規範1乃至7）の概要

規範1：仲裁人の不偏性・独立性が求められるのは，仲裁人の選任から仲裁手続の終了までである。

規範2：仲裁人（候補者）は，自身の不偏性・独立性に疑義が生じた場合，仲裁人としての指名を辞退し，仲裁人として指名された後の手続中に同様の疑義が生じた場合には辞任しなければならない。

規範3：仲裁人（候補者）は，自身の不偏性・独立性に疑義が生じうる事由を自ら開示しなければならない。開示すべきかどうかを迷う場合には開示すべきであるが，このような事実の開示そのものが仲裁人（候補者）の不偏性・独立性の欠缺を推定させるものではない。

規範4：仲裁人の情報開示が受領され，もしくは当事者が他の方法で当該事実を認識した後30日以内に異議を述べない場合には，異議を述べなかった当事者は当該事実に基づく異議申立権を放棄したものとみなされる。

規範5：本ガイドラインは等しく主任仲裁人，単独仲裁人，共同仲裁人等にも適用され，仲裁管理事務官，補佐官，仲裁廷も，仲裁人と同様に不偏性・独立性を維持する義務を負う。

規範6：仲裁人が法律事務所の一員であっても，当該仲裁人の不偏性・独立性を判断する際は，個々の事案に応じた個別具体的な評価がなされるべきである。

規範7：当事者は，自身，系列会社，実質的支配者と，仲裁人（候補者）との直接・間接的な関係や，経済的な関係性，また仲裁判断との関係で当該当事者の責任を負担する個人・法人と仲裁人（候補者）との関係性を，主導的かつ可及的速やかに開示しなければならない。

② Part 2：一般的規範の実務的な適用の指針

Part 2 では，Part 1 において示された規範の適用指針として定型的な開示事由を開示義務の強度に応じて，赤色，オレンジ色，緑色に分けたリストによって示している。赤色リストは，当事者が忌避申立権を放棄することができるものと，放棄することができないものを含むが，いずれも挙げられた事実を認識した第三者から見て仲裁人の不偏性・独立性に合理的な疑問を抱く事由である。放棄可能な赤色リストに該当する事由がある場合には，全ての利害関係人が明示的に同意した場合に限りかかる事由の存する仲裁人に活動を許容できるにとどまる。次に，オレンジ色リ

ストに挙げられた事由は，当事者から見て仲裁人の不偏性・独立性に疑義を抱かせるおそれのある事由であり，仲裁人（候補者）は開示義務を負担する。最後に，緑色リストに挙げられた事由は，仲裁人の不偏性・独立性に疑義を生じさせない事由であり，開示義務を生じさせない。各リストの具体的な内容は，ここでは割愛するが，IBA のウェブサイトから確認されたい[32]。

(5) 仲裁人（候補者）による情報開示の効果

仲裁人が自らの不偏性・独立性に関する事由を開示した効果として，当該仲裁人は既に開示した事由に基づき，その後の当事者からの忌避により手続から排除されることはなくなる。これは，当事者が開示された事由を根拠に忌避を申立てる権利を放棄したとみなされるからである[33]。

Ⅳ　仲裁人の忌避手続の概要

(1) 忌避手続とは

忌避手続とは，当事者が仲裁人（候補者）を仲裁手続から排除するための手続である。各仲裁機関の公表している統計資料から確認すると，近年では特に投資仲裁において忌避の申立件数がきわめて強い増加傾向にあると言われている。また，LCIA などの仲裁機関が忌避に関する判断を公表するなど，仲裁機関によっては忌避の判断基準が明確にされつつある[34]。

(2) 忌 避 事 由

忌避事由の根拠は，機関仲裁の場合は当該仲裁機関の定める仲裁規則が忌避事由の根拠となり，当該機関の定める決定権者が判断する一方，アドホック仲裁の場合は，当該仲裁地の法が根拠規定となり，仲裁地の裁判所が判断することとなる[35]。多くの仲裁規則は当事者に対して当該仲裁人が，①当事者間で合意された仲裁人の要件を満たしていない場合，もしくは②仲裁人の不偏性・独立性に合理的な疑いを生じさせる事由がある場合に忌避の申立を許す一方，自らが指名した仲裁人に関しては，選任前に認識していた事由を理由に忌避の申立をすることを制限している[36]。

(3) 各仲裁規則における忌避手続の定め

忌避の具体的な手続は，仲裁の一般原則に基づき，まずは当事者間の合意により定められた仲裁機関の仲裁規則により，アドホック仲裁の場合には仲裁地の法により進められる[37]。以下，代表的な仲裁機関の仲裁規則，UNCITRAL モデル法・仲裁規則及び日本の仲裁法における忌避手続を紹介する。

(a) 審 理 機 関

忌避手続の審理機関については，多くの仲裁手続規定において，当該仲裁廷か当該仲裁機関と定められているが，審理機関を仲裁廷と定める多くの仲裁規則は，申立人に裁判所に対する不服申立権を付与している[38]。

(b) 申立の期間

忌避手続は手続の円滑な進行を妨げる要因となり得るため，忌避の申立は，仲裁人選任通知を受領し又は忌避事由を知った後，一定期間内に行うことが定められており，期間制限を渡過すると，特に英米法系の国の仲裁法においては，忌避申立権を放棄したとみなされることがある[39]。この点，ICC 仲裁規則は

30日以内と比較的長い申立期間を定めているが[40]，SIAC仲裁規則，及びJCAA仲裁規則は，14日以内に[41]，UNCITRALモデル法及び日本の仲裁法は，15日間に制限している[42]。

(c) 申立の方法

忌避の申立は，いずれの仲裁規則・法においても申立書の提出を要するところ，提出先は様々である。例えば，UNCITRALモデル法と日本の仲裁法は，提出先を当該仲裁廷と定めるが[43]，ICCにおいては仲裁裁判所事務局，SIACにおいては仲裁廷の書記官，JCAAにおいては日本仲裁人協会を提出先に指定している[44]。

(d) 申立の効果

忌避制度は，手続の遅延を望む当事者により悪用され，紛争解決の遅延の原因となってきた。そこで，多くの仲裁手続においては，忌避が申立てられた場合においても，本案審理は基本的に続行することが予定されているほか[45]，多くの規則・法において，忌避の申立に対する判断が一度行われた場合には，当該判断に対する不服申立には一定の制限が設けられており，手続の迅速化が図られている[46]。

V 情報開示義務に関する近時の裁判所の判断

以上のとおり，仲裁人の不偏性・独立性は仲裁制度の根幹を成す重要な要素であり，これを実質的なものとするための仲裁人の情報開示義務は，重要な義務のひとつである。この点，仲裁人の情報開示義務をめぐり，昨年（2016年）6月に大阪高等裁判所が一定の判断を示していることから[47]，ここで紹介する。

(1) 事案の概要

本件は，仲裁地を我が国の大阪府とする仲裁条項に基づきJCAAに係属した仲裁事件について，外国の法律事務所のシンガポール・オフィスに所属する弁護士を第三仲裁人とする仲裁廷が下した仲裁判断に関して，同弁護士において，仲裁人に選任された後，所属する法律事務所のサンフランシスコ・オフィスに移籍してきた弁護士が上記仲裁事件の申立人の親会社の別の子会社（申立人の完全兄弟会社）と同親会社を共同被告とするクラスアクション訴訟の同子会社の訴訟代理人を務めていた（以下，「本件利益相反事実」）にも関わらず，その事実を開示しなかったとして，上記仲裁事件の被申立人が，仲裁判断の取消を求めた事案である。

本取消事由に関する主なポイントは以下の通りである。

(a) 本件利益相反事実は，開示義務を生じさせる「仲裁人としての公正性又は独立性に疑いを生じさせるおそれのある事実」に該当するか

(b) 本件利益相反事実は，忌避事由である「仲裁人の公正性又は独立性を疑うに足る相当な理由」に該当するか

(c) 両弁護士が異なるオフィスに所属しており，両者の間に上記クラスアクションに関する情報交換等がないことの評価

(d) 本件仲裁と上記クラスアクションとの関連性が無いことの評価

(e) 仲裁人が本件利益相反事実を知らなかったことの評価

(f) 本件利益相反事実が仲裁判断に影響を

及ぼしたとは認められない点の評価

　(g)　仲裁人が就任時に，将来，利益相反事実が生じうる旨の表明書を提出していたが，当事者から何らの異議も述べられなかったことの評価

　(h)　被申立人が仲裁手続について「とてもフェアである」と述べたことの評価

(2)　一審である大阪地裁の判断[48]

大阪地裁は，(a)について，本件利益相反事実は，「仲裁人としての公正性又は独立性に疑いを生じさせるおそれのある事実に該当すると解する余地がある」としながらも，(c)，(d)及び(e)の事情を併せ評価すれば，いまだ「仲裁人としての公正性又は独立性を疑うに足りる相当な理由があるとまでは認められない」として，(b)忌避事由には該当しない，とした。そして，(f)と(g)も「併せ考慮すれば，仲裁人が上記の事実を開示しなかったことが開示義務違反に当たるとしても，それによる瑕疵は軽微なものといえる」と評価して，仲裁判断を取消さない旨の判断をした。

(3)　大阪高裁の判断[49]

これに対して大阪高裁は，(a)について，本件利益相反事実は，「仲裁人としての公正性又は独立性に疑いを生じさせるおそれのある事実に該当する」と判断したが，(b)「仲裁人の公正性又は独立性を疑うに足りる相当な理由」に該当するかどうかについて明言を避けている。しかし，(c)及び(d)の事情は(a)の判断に影響を与えないとした。そして，(e)については，「仲裁人が手間をかけずに知ることのできる事実については，仲裁人には開示のための調査義務が課されるべきである。そして，

本件利益相反事由については，Eが所属する法律事務所であるN内においてコンフリクト・チェックを行うことにより，特段の支障なく調査することが可能であった」とした。さらに，(g)の表明書の提出は，本件利益相反事由を開示したことにはならないと判断したうえで，仲裁人には開示義務違反があったと認定した。そして，同開示義務違反は「重大な手続上の瑕疵というべきである」として，上記(f)と(h)を考慮しても，「仲裁手続及び仲裁判断の公正を確保するとともに，仲裁制度に対する信頼を維持するためにも，本件仲裁判断をこのまま維持することはでき」ない，として，仲裁判断を取り消した。

大阪高裁の決定に対しては，上述の通り最高裁に許可抗告が申し立てられ，平成29年12月12日に原決定を破棄し，差し戻す旨の決定がなされた（前掲注28参照）。

同決定においては，上記の内，(g)と(e)について判断がされている。

まず，上記(g)の点については，原決定を支持し，「仲裁人が当事者に対して法一八条四項の事実が生ずる可能性があることを抽象的に述べたというだけで上記の『既に開示した』ものとして扱われるとすれば，当事者が具体的な事実に基づいて忌避の申立てを的確に行うことができなくなり，仲裁人の忌避の制度の実効性を担保しようとした同項の趣旨が没却されかねず，相当ではない。」とした。

他方で，上記(e)の点については，「原審までに提出された資料に照らしても，本件仲裁判断がされるまでにQ（当該仲裁人）が本件事実を認識していたか否かは明らかではない。また，K&S（Qの所属する法律事務所）において本件事実が認識されていたか否か

V 情報開示義務に関する近時の裁判所の判断

や，K&Sにおいて，所属する弁護士の間の利益相反関係の有無を確認する態勢がいかなるものであったかについても判然としないことからすれば，本件仲裁判断がされるまでにQが合理的な範囲の調査を行うことによって本件事実が通常判明し得たか否かも明らかではない。上記の各点について確定することなく，Qが本件事実を開示すべき義務に違反したものとした原審の上記三(2)の判断には，裁判に影響を及ぼすことが明らかな法令の違反がある。」と判断し，その余の点に判断を加えず，原決定を破棄したうえで，原審に差し戻した。

この点，国際商事仲裁における仲裁人（候補者）には，所属弁護士が1000名を超える大規模法律事務所に所属する弁護士も多く，仲裁人（候補者）において，その所属する巨大事務所に，加入しようとする途中加入候補者が過去に扱った事案や当事者，さらにはその当事者の兄弟会社等も含めてコンフリクト・チェックを要求するのは現実的でないばかりでなく，仮に物理的，技術的に可能としても，過度な負担を課することは，国際仲裁実務を停滞させるばかりか，途中加入が多く行われる大規模法律事務所の運営において支障をきたしかねない。コンフリクト・チェックの範囲や程度（商号に一致する部分の無い関連会社についても調査すべきか等）や仲裁人に就任した後のコンフリクト・チェックの要否，程度や頻度を含め，どの程度の調査義務が課されるのか，国際仲裁の実務のみならず，大規模法律事務所の多くが現実的に多くの仲裁人候補者のリソースになっている実情やニーズに対する適切な理解に基づいた裁判所による実務に沿った現実的かつ慎重な判断が求められるところである。

注釈

1 JCAA仲裁規則66条以下等。
2 JCAA仲裁規則70条以下等。
3 Margaret L. Moses, *The Principles and Practice of International Commercial Arbitration,* 2nd ed.（Cambridge University Press, 2012）．
4 谷口安平＝鈴木五十三編『国際商事仲裁の法と実務』（丸善雄松堂，2016）160-161頁。
5 Michael Hwang S.C. & Katie Chung, Defining the Indefinable: Practical Problems of Confidentiality in Arbitration, *Journal of International Arbitration,* vol. 26 No. 5 (2009) pp 609-645，中村嘉孝「国際仲裁における守秘義務」神戸大論叢61巻5号（2010）等。
6 ICC仲裁規則11条2項。また可用性が損なわれて職務遂行に支障が生じた場合は，同規則15条2項により仲裁人の交替事由ともなる。
7 JCAA規則39条1項，ICC仲裁規則30条，SIAC仲裁規則5条2項d等。
8 1人又は3人以外を仲裁人の数とするケースは国際仲裁において極めて珍しい。Julian D M Lew QC, Loukas A Mistelis, and Stefan M Kröll, *Comparative International Commercial Arbitration* (Kluwer Law International, 2003), §10-10.
9 また，仲裁人が複数いる場合の仲裁廷において，判断に仲裁人間の妥協が反映されてしまう傾向が指摘され

国際商事仲裁における仲裁人の選任 ―主要な国際仲裁規則と実務的観点から

ることがあるが，単独仲裁人であればそのような虞もない。Lew, Mistelis, and Kröll, *supra* note (8), §10-11.

10 谷口＝鈴木・前掲注（4）「国際商事仲裁の法と実務」163-164 頁。

11 谷口＝鈴木・前掲注（4）「国際商事仲裁の法と実務」164-165 頁。

12 第 12 条第 2 項。また，例えば JCAA の商事仲裁規則第 26 条第 1 項は，当事者の合意がない場合には仲裁人は 1 人とする旨規定し，また，AAA の Commercial Arbitration Rules and Mediation Procedures（Including Procedures for Large, Complex Commercial Disputes）R-16 も，当事者の合意がない場合に原則として仲裁人を 1 人とする旨規定する。

13 第 8 条第 1 項。

14 なお，第三仲裁人として弁護士や元裁判官の法律家が選任されることが想定される場合に，技術の専門家も仲裁人に選任する場合には，かかる技術系の専門家が孤立しないよう，両当事者がそれぞれ技術の専門家を当事者選任仲裁人として選任し，第三仲裁人のみが法律家とすべき対応が提案されている。Nigel Blackaby and Constantine Partasides, *Redfern and Hunter on International Arbitration,* 5th ed. (O U P, 2009), p 260.

15 谷口＝鈴木・前掲注（4）「国際商事仲裁の法と実務」167 頁。

16 谷口＝鈴木・前掲注（4）「国際商事仲裁の法と実務」167 頁。

17 その他，例えば UNCITRAL 仲裁規則 6 条 7 項，LCIA 規則 6 条 1 項等。

18 この点，事前に仲裁条項において，「第三仲裁人は日本国籍を有する者又は日本法を専門とする者とする。」旨合意することも選択肢として考えられる。

19 谷口＝鈴木・前掲注（4）「国際商事仲裁の法と実務」168-169 頁。

20 UNCITRAL 仲裁規則 9 条 1 項乃至 3 項。

21 CIArb（http://www.ciarb.org/guidelines-and-ethics/guidelines/practice-guidelines-protocols-and-rules）。

22 例えば UNCITRAL モデル法 18 条は，「当事者は平等に扱われなければならず，各当事者は，その主張，立証を行う十分な機会を与えられなければならない」と規定する。

23 例えば UNCITRAL モデル法 34 条 (2).(a).(ii)，仲裁法 44 条 1 項 4 号。

24 ニューヨーク条約 5 条 1.(b).

25 Blackaby & Partasides, *supra* note (14) p. 268.

26 ICC 11 (1), UNCITRAL モデル法 12 条，UNCITRAL 仲裁規則 11 条 12 項 (1)，SIAC 仲裁人倫理規定 2 条及び 3 条，JCAA 仲裁規則 24 条。なお，JCAA 仲裁規則の「公正かつ独立」は "impartiality and independence" と英訳されている。

27 大阪高決平成 28 年 6 月 28 日金判 1498 号 52 頁。

28 最決平成 29 年 12 月 12 日民集 71 巻 10 号 2106 頁。

29 Blackaby & Partasides, *supra* note (14) p. 269.

30 UNCITRAL モデル法 12 条 1 項，同規則 11 条後段，ICC 規則 11 条 3 項，SIAC 仲裁規則 10 条 5 項，JCAA 規則 24 条 3 項・4 項，仲裁法 18 条 4 項。

31 Blackaby & Partasides, *supra* note (14) p. 270.

V　情報開示義務に関する近時の裁判所の判断

32　International Bar Association「IBA Guidelines on Conflicts of Interest in International Arbitration」2014 年 10 月 23 日（http://www.ibanet.org/Publications/publications_IBA_guides_and_free_materials.aspx, 2017 年 4 月 1 日最終閲覧）。
33　Blackaby & Partasides, *supra* note (14) p. 268.
34　Blackaby & Partasides, *supra* note (14) p. 273.
35　Blackaby & Partasides, *supra* note (14) p. 273.
36　UNCITRAL 仲裁規則 12 条 1 項及び 2 項，SIAC 仲裁規則 11 条，JCAA 仲裁規則 31 条 1 項及び 2 項等。
37　Blackaby & Partasides, *supra* note (14) p. 277.
38　Blackaby & Partasides, *supra* note (14) p. 277.
39　Blackaby & Partasides, *supra* note (14) p. 286.
40　ICC 仲裁規則 14 条 2 項。
41　SIAC 仲裁規則 12 条 1 項，JCAA 仲裁規則 31 条 3 項。
42　UNCITRAL モデル法 13 条 2 項，仲裁法 19 条 3 項。
43　UNCITRAL モデル法 13 条 2 項，仲裁法 19 条 3 項。
44　ICC 規則 14 条 1 項，SIAC 仲裁規則 12 条 2 項，JCAA31 条 3 項。
45　UNCITRAL モデル法 13 条(3)，SIAC 仲裁規則 12 条 2 項，13 条 3 項，仲裁法 19 条 5 項。
46　UNCITRAL モデル法 13 条(3)，ICC 仲裁規則 11 条，SIAC 仲裁規則 13 条 5 項。
47　大阪高決平成 28 年 6 月 28 日金判 1498 号 52 頁。
48　大阪地決平成 27 年 3 月 17 日金判 1471 号 52 頁。
49　大阪高決平成 28 年 6 月 28 日金判 1498 号 52 頁。

仲裁合意の主観的範囲について

中村　達也（なかむら　たつや）
国士舘大学法学部教授

I　はじめに

　仲裁合意は契約の1つであり，その効力は，仲裁合意をした当事者に及ぶことになるが，仲裁合意の効力がその当事者以外の者に及ぶことがあるか。この問題について，まず，仲裁合意の対象となる権利義務を仲裁合意の当事者から承継する者に仲裁合意の効力が及ぶか，すなわち，仲裁合意上の地位が承継人に移転するかどうかが問題となるが，この問題については，別稿で取り上げ，若干の検討を行った[1]。

　本稿は，仲裁合意上の地位の承継とは別に，仲裁合意の当事者（以下「契約当事者」ということがある）以外の者（以下「非契約当事者」ということがある），たとえば，仲裁合意の当事者が法人の場合，法人の役職員等にも仲裁合意の効力が及ぶことがあるか，また，役職員等にも及ぶ場合，どのようなときに，どのような根拠によるのか，この問題を取り上げ，若干の検討を試みるものである。この問題について，わが国では余り議論がされていないが[2]，実務上重要な問題の1つであり，諸外国，とりわけ米国では判例法が形成されており[3]，議論の展開が見られる。本稿では，諸外国の判例が根拠とする法理論が日本法上も妥当するかどうか，この問題に焦点を当て，日本法上，この問題をどのように考えるべきか，これを考察することとする。

II　わが国の判例・学説

　この問題を扱った判例として，名古屋地判平7・10・27海法150号33頁は，日本法人と英国法人との間で締結された仲裁条項を含む代理店契約に関し日本法人が英国法人による代金未払いに対し，英国法人の取締役社長と取締役が契約製品を詐取する目的で契約を締結したものであるとして，英国法人，取締役社長および取締役を被告として損害賠償請求訴訟を提起した事件において，仲裁合意の準拠法については何ら言及することなく，「本件における原告の請求は，形式上被告らに対する不法行為に基づく損害賠償請求であり，請求の趣旨及び請求原因に照らすと，その請求の当否は，被告ら3名について統一的に判断することが望ましく，本件訴訟を分離して別個の紛争解決機関において審理判断することは相当であるとは言いがたい」と判示し，条理に従い取締役社長および取締役にも仲裁合意の効力が及ぶとした。これ以外で判例集に登載された判例としては，仲裁合意の準拠法である米国法上，法人が締結した仲裁合意の効力が当該法人の代表者にも及ぶ旨を判断したリングリング・サーカス事件判決[4]および仲裁合意の準拠法であるアリゾナ州法上，契約中の仲裁条項の効力が非契約当事者にも及ぶと判断したもの[5]があるが，日本法に基づき見解を示したものは見当たらない。

　他方，学説は，リングリング・サーカス事件における米国法の解釈が日本法の解釈としても妥当するとし，その理由について，仲裁合意を含む契約の当事者の紛争とその組織の中枢にあって，その資格に基づいて契約の交渉・締結および履行にあたる代表者等の紛争が実質的に一体とみられる場合において，仲裁合意の効力がかかる代表者等に及ばないとするならば，これは仲裁合意の趣旨に反し，また仲裁合意を締結した当事者の合理的意思にそぐわないなどという[6]。また，リングリ

ング・サーカス事件に関し「法人に対する契約上の損害賠償請求についての仲裁を潜脱するために，代表者を相手として不法行為に仮託して裁判所に提訴することは許されない。したがって，代表者の行為が法人の契約締結または履行の一部としてなされたようなケースについては，日本法の解釈としても，仲裁契約の効力の代表者への拡張を認めるべきであろう」との見解もある[7]。

Ⅲ 諸外国の判例法理

(1) 代理の法理

法人が第三者と締結した仲裁条項を含む契約に関連して第三者と法人の役職員等との間で紛争が生じた場合，かかる紛争は法人が第三者と締結した仲裁合意により，仲裁により解決することになるか。この場合，仲裁合意は法人と第三者の間で締結されており，法人の役職員等は，第三者と別途仲裁合意を締結していない限り，仲裁により紛争を解決することはできないと考えられるが，米国では，判例法上，代理の法理（theory of agency）により，法人が第三者と締結した仲裁合意を法人の契約上の義務を履行する役職員等が援用することができるとし，その場合，第三者と役職員等との紛争は仲裁により解決されることになるとするものがある[8]。

(2) 第三受益者の法理

契約法の一般法理として，契約の当事者が第三者に対し契約上の利益を付与することを約した場合，第三者，つまり第三受益者（third party beneficiary）は，その履行を強制する権利を有することが一般に認められており[9]，米国判例法上，この法理により，仲裁合意を締結していない者であっても，仲裁合意を援用することができるとするものがある[10]。

(3) 禁反言の法理

コモンローの国では，エクイティ上の禁反言（equitable estoppel）の法理により，仲裁条項を含む契約上の権利を行使し，契約から実質的かつ直接的な利益を得る者は，衡平の原則により，契約中の仲裁合意に拘束されるとされる[11]。すなわち，仲裁合意の当事者でない者が，仲裁合意を含む契約から直接利益を享受し，あるいは，利益を享受するために契約条項は強制されるべきであると主張する一方で，契約中の仲裁条項については強制されるべきではないと主張することは，衡平の原則に反し許されないとされる[12]。また，このエクイティ上の禁反言の法理は，米国判例法上，紛争と仲裁合意を含む契約および仲裁合意の当事者と第三者との間に密接関連性が認められる場合，第三者が仲裁合意を援用し得ないことは，衡平に反し許されないとし[13]，非契約当事者が仲裁合意を援用することができるとするものがある[14]。しかし，この法理に関しては，次のような問題点が指摘されている[15]。

すなわち，エクイティ上の禁反言および約束的禁反言の法理という州法の原則によれば，仲裁条項を含む契約の当事者が，その言動により，非契約当事者に対し正当に契約を信頼することを誘引し，それにより，非契約当事者の契約に関する権利を認めない場合，非契約当事者が権利の侵害を受けることを合理的に期待すべきであったときには，非契約当事者が仲裁条項を援用し，契約当事者に対

し仲裁を強制することができるとされるが，この通常のエクイティ上の禁反言および約束的禁反言の法理に基づき非契約当事者が仲裁合意を援用し得た事件はほとんどないところ，密接な関連性や絡み合う請求といった粗放な基準による高度に抽象的な禁反言によって非契約当事者に仲裁合意を援用する権利を認めているが，事件の事実関係に照らすと，契約当事者と非契約当事者との間に相互に仲裁合意に拘束されるという黙示の合意を認め得るものがあり，むしろ，新たな禁反言によるのではなく，当事者の黙示の意思により仲裁の強制を認めることが適当ではないかという。

　以上，代理の法理，第三受益者の法理，禁反言の法理による非契約当事者に対する仲裁合意の効力の拡張に関する判例を概観したが，これらの法理以外にも，米国判例法上，仲裁合意の当事者でない者であっても，仲裁合意の当事者と別の契約を締結し，その契約の中で仲裁条項を含む他の文書を引用することにより仲裁条項が契約の一部となり，仲裁条項が契約条項に合体するという他文書の引用による仲裁条項の合体（incorporation by reference）により，また，仲裁合意の当事者でない者は，その行為により仲裁合意に同意する旨の意思を示す場合，かかる黙示の意思によって仲裁合意に拘束されるという仲裁合意の引受（assumption）により，それぞれ仲裁合意の効力は非契約当事者である第三者に拡張されるが[16]，これらはいずれも，当事者の意思解釈の問題であると考えられる。また，法人格否認の法理（veil piercing/alter ego）により，一般に，法人格が背後者の違法な目的により濫用され，あるいは，背後者による完全な支配により形骸化している場合，法人格は否認され，その場合，仲裁合意の効力が背後者にも及ぶことになるとされる[17]。

(4)　グループ会社の法理

　上記の判例法に対し，仲裁合意の当事者でない者に仲裁合意の効力が拡張される法理として，主にフランスにおいてグループ会社の法理（doctrine of group companies）が認められている[18]。この法理は1980年代初めに登場し，これを適用した最も著名な仲裁判断として，ダウ・ケミカル事件仲裁判断があり[19]，仲裁廷は，グループ会社は，法人格の違いに関係なく，同一の経済的実態を有し，グループ会社の一部が合意した仲裁条項は，仲裁条項を含む契約の締結，履行または終了において果たした他の非契約当事者であるグループ会社の役割およびすべての当事者の共通の意思に従い，他のグループ会社をも拘束すべきであるなどと述べ，非契約当事者に仲裁合意の効力が及ぶとし，パリ控訴院は，この仲裁廷の判断を支持した[20]。この仲裁廷の判断はその後の仲裁事件においても適用され[21]，当事者の意思を考慮せず，単にグループ会社の法理を根拠に非契約当事者に仲裁合意の効力が及ぶとするものもあるとされる[22]。しかし，ほとんどの場合，仲裁廷は，この法理を適用する基準について，単にグループ会社の一員であるだけでは足りず，グループ会社間に密接なグループ組織および強固な組織的かつ経済的連結が確立されており，かつ，仲裁条項を含む契約を締結していないグループ会社が契約の交渉，履行または終了に積極的な役割を果たし，それらの事情からグループ会社の非契約当事者との間において黙

示の仲裁合意が成立していなければならないとし，グループ会社の法理を適用するには，紛争を仲裁に付託する当事者の共通の意思を必要としているとされる[23]。

IV　若干の検討

(1)　諸外国の判例法理は日本法上も妥当するか

以上，諸外国の判例の立場を概観したが，判例が依拠する法理が日本法上も妥当するか否か，この問題について若干の検討を行う。

まず，代理の法理について，米国判例上，代理の法理を根拠に法人の締結した仲裁合意を含む契約の履行補助者である法人の役職員も法人が締結した仲裁合意を援用し得るとするものがある一方，当事者の意思に依拠するものもある。前者は，法人の役職員が法人が締結した契約の履行補助者であるという関係から役職員と法人との間に代理の関係が生じるとするものであるように思われるが，このような法理は日本法上認められないと考えられる。仲裁は当事者の合意に基づく紛争解決手続であり，仲裁合意に拘束されるか，仲裁合意を援用し得るか，その根拠は当事者の意思に求められるべきであり，法人が締結した仲裁合意の効力が法人が締結した契約の履行補助者である役職員に当然に及ぶのではないと考える。したがって，仲裁合意を締結する法人と相手方が法人の役職員に対し相手方との紛争を仲裁により解決する権利を与えている場合には，法人の役職員が仲裁合意を援用することにより，法人と仲裁合意を締結した相手方と法人の役職員との間の紛争は仲裁により解決されることになり[24]，以下の第三受益者の法理による場合と異ならないと考える。また，言うまでもなく，法人と仲裁合意を締結した相手方が法人の役職員に対し仲裁合意を援用して仲裁による紛争解決を強制することはできず，このことは，米国判例法上も認められており，連邦第2巡回区控訴裁判所，連邦第5巡回控訴裁判所がこの立場を示している[25]。

第三受益者の法理に関しては，日本法上，第三者のためにする契約として，契約から生じる権利の一部を契約当事者以外の第三者に直接帰属させることが認められており，契約から生じる権利ではないが，契約当事者が契約から生じる紛争を仲裁で解決する権利についても，これを第三者に直接取得させることは許容されると解される。したがって，法人が締結する契約において役職員に対し法人の相手方との紛争を仲裁により解決する権利を与えた場合，法人の役職員は仲裁合意を援用して法人の相手方との紛争を仲裁により解決することができる。

代理の法理，第三受益者の法理のほか，他文書の引用による仲裁条項の合体，仲裁合意の引受についても，当事者の意思に依拠するものであり，日本法上も契約の解釈の問題として取り扱うことができよう。また，グループ会社の法理についても，グループ会社の実態等から当事者の意思を探求するものである限り，日本法上も，当事者の意思解釈の問題として扱うことになる。

禁反言の法理に関しては，エクイティ上の禁反言の法理により，仲裁条項を含む契約上の権利を行使し，契約から実質的かつ直接的な利益を得る者は，衡平の原則により，契約中の仲裁合意に拘束されるとされるが，日本法上，禁反言の法理を適用するには，先行行

仲裁合意の主観的範囲について

為と矛盾する行為があり，相手方が先行行為を信頼することが必要となるが[26]，仲裁合意に拘束されないという主張が契約の利益を享受することと矛盾するとは言えず，また，非契約当事者が契約の利益を享受することにより仲裁合意に拘束されるという信頼を契約当事者に惹起させることにもならないと考えられ，このエクイティ上の禁反言の法理が日本法上妥当しないように思われる。したがって，非契約当事者が契約上の権利を行使する場合，たとえば，売買契約の当事者である売主が契約において，第三者に対し品質保証を約した場合，売主による一方的債務負担行為と解されようが[27]，その場合，非契約当事者が売主に対し品質保証債務の履行を求めたからと言って，売買契約の当事者になるのではなく，売主が仲裁合意に非契約当事者が拘束されることを条件に債務を負担していない限り，売主が非契約当事者に対し仲裁合意を援用することはできないと考える。米国判例法上，エクイティ上の禁反言の法理は，仲裁合意の当事者でない者が仲裁合意を援用する場合にも適用があり，その適用の基準として仲裁合意の当事者でない者が仲裁合意の当事者と密接な関係を有することや，請求が契約上の義務と絡み合っていることが挙げられているが，日本法上，この法理は妥当し得ないと考える。

禁反言の法理に関しては，仲裁条項を含む契約の当事者でなくても，仲裁条項に拘束されるという印象を相手方に与え，相手方がそれを正当に信頼し，仲裁合意を援用する場合には，仲裁合意に拘束されないという主張をすることは，日本法上も信義則上許されず，これとは反対に，仲裁条項を含む契約の当事者が非契約当事者との紛争を仲裁に付託するという印象を与え，非契約当事者がそれを信頼して仲裁合意を援用する場合にも同様に，信義則上仲裁合意に拘束されないという主張は許されないと解される[28]。

上記以外の法理として，米国判例法上も認められているが，日本法上，法人格否認の法理の適用が考えられる。法人格否認の法理は，法人格が濫用される場合または法人格が形骸化している場合に，法人格を当該法律関係に限って否認することで事案の衡平な解決を図るものであり[29]，実体契約と同様に，仲裁合意もこの法理の適用を受け，それによって法人の背後者に仲裁合意の効力が及ぶことがあると考える[30]。

以上により，仲裁合意は当事者の合意を基礎とする紛争解決手続であり，日本法上，禁反言の法理，法人格否認の法理により仲裁合意の効力が第三者に及ぶ場合を除き，仲裁合意の効力が第三者に及ぶ根拠は当事者の意思に基づくことになると考える。

(2) 書面要件

以上の問題に加え，仲裁法上，仲裁合意は書面でしなければならず（13条2項以下），代理の法理，第三受益者の法理，禁反言の法理，グループ会社の法理が適用される場合，この書面要件が問題となる。

代理の法理および第三受益者の法理に関し，仲裁合意を締結する当事者が第三者に仲裁合意を援用する権利を付与している場合，仲裁合意それ自体は書面要件を具備しなければならないが，第三者との間で仲裁合意を締結し，第三者がその合意に拘束されるのではなく，仲裁合意の効力の問題であり，仲裁合

意の書面要件は問題とならず[31]，また，仮に書面性を要求するとしても，仲裁法が書面性を要求する目的は，仲裁合意が提訴権を失うという当事者にとって重大な効果を生じさせるため，当事者の意思の明確性，確実性を確保するためであるから[32]，第三者に仲裁合意を援用する権利を与えるに過ぎない場合においては，別途書面性を要求する必要はないと考える。これに対し禁反言の法理，法人格否認の法理については，信義則に反する行為を問題とするものであり，仲裁合意の書面性は問題とならない。

他方，グループ会社の法理については，非契約当事者と契約当事者との間に黙示の仲裁合意の成否が問題となり，この場合，言うまでもなく，仲裁合意の実質的成立要件と併せて形式的成立要件が具備されなければならず，前者の要件を具備する場合であっても，後者の要件を具備するか否かが問題となる。この問題について，仲裁合意の書面要件は，現実の実務に適合するため緩和されている。すなわち，仲裁法は，13条2項において「仲裁合意は，仲裁合意は，当事者の全部が署名した文書，当事者が交換した書簡又は電報（ファクシミリ装置その他の隔地者間の通信手段で文字による通信内容の記録が受信者に提供されるものを用いて送信されたものを含む。）その他の書面によってしなければならない」と規定し，「その他の書面」の意味内容について，東京地判平20・3・26判例集未登載（2008WLJPCA03268009）は，「仲裁法13条2項は，『仲裁合意は，当事者の全部が署名した文書，当事者が交換した書簡又は電報その他の書面によってしなければならない。』と定めているが，これは，仲裁合意をする当事者の意思を明確にし，後の紛争に備えて仲裁合意の存在と内容を証明できるよう記録する趣旨であるから，同項の『その他の書面』とは，仲裁合意が記録された書面であって，後から証拠とし得るものであれば足りると解される」と判示し，学説もこれと同じ見解に立っている[33]。したがって，黙示の仲裁合意が依拠する契約当事者間の仲裁合意が記録された書面であって，後から証拠とし得るものであれば，仲裁合意の書面要件は具備するものと考えられる。

V　おわりに

以上，本稿では，仲裁合意の効力が当事者以外の者，たとえば，仲裁合意を締結した法人の役職員にもその効力が及ぶか否かという問題について，諸外国，主に米国の判例法理を概観し，その法理が日本法上も妥当するかどうか，この問題について，若干の検討を試みた。その一応に結論としては，仲裁合意の主観的範囲という問題は，信義則の原則，法人格否認の法理が妥当する場合を除き，当事者の合理的意思に求めることになると考える。

実務上，黙示の合意に頼ることは得策ではなく，誰を仲裁合意の当事者とするか，仲裁条項のドラフティングにおいて対応することが賢明であると思われる。また，当事者間に明示の意思が認められない場合，当事者の合理的意思を探求することになるが，如何なる事実が黙示の合意を認める根拠となるか，かかる事実の類型化が実務上重要な問題となるように思われる。本稿では，紙幅の関係もあり，この問題については検討することができなかった。今後の課題としたい。

仲裁合意の主観的範囲について

注　釈

1　拙稿「仲裁合意と特定承継」國士舘法學 48 号（2015）1 頁。
2　小島武司＝猪股孝史『仲裁法』（日本評論社，2014）127 頁参照。
3　拙稿「国際商事紛争の解決 Q & A（13）」JCA ジャーナル 50 巻 10 号（2003）78 頁参照。
4　最判平 9・9・4 民集 51 巻 8 号 3657 頁。
5　東京地判平 26・10・17 判タ 1413 号 271 頁。
6　小島＝猪股・前掲注（2）128-129 頁。また，貝瀬幸雄「仲裁契約の効力の範囲―主観的範囲を中心に」松浦馨＝青山善充編『現代仲裁法の論点』（有斐閣，1998）142 頁は，「『リング・リング・サーカス事件』のように，会社業務のすべてをコントロールする代表者＝支配株主が，会社業務の一環として仲裁契約を締結した場合には，仲裁契約の主体の一体性（会社法人格の形骸化）を根拠に，当該取引関係から生ずる紛争について，黙示の仲裁合意が代表者・取引相手方間にも成立した，と構成できよう」という。
7　谷口安平＝井上治典編『新・判例コンメンタール　民事訴訟法 6』（三省堂，1996）〔青山善充〕635 頁。また，山本和彦＝山田文『ADR 仲裁法〔第 2 版〕』（日本評論社，2015）323 頁は，仲裁合意の当事者が法人である場合に，法人自体のほか，その代表者その他の役員等についても仲裁合意の効力が及ぶかは，合意の解釈の問題であり，原則としては別異の法人格である役員等には効力は及ばないと考えられるが，「法人の構成（同族会社か否か等）や合意締結の状況などに鑑み，役員等に対して別訴を提起することが訴権の濫用に当たる場合や役員等が提訴することが禁反言に当たる場合には，例外的にこれらの者も仲裁合意に拘束されるものと解される」という。
8　See Gary B. Born, International Commercial Arbitration (Kluwer Law International 2nd ed. 2014) 1422; Bernard Hanotiau, Complex Arbitrations: Multiparty, Multicontract, Multi-Issue and Class Actions, International Arbitration Law Library, Volume 14 (Kluwer Law International 2006) 12. See, e.g., Pritzker v. Merrill Lynch, Pierce, Fenner & Smith, Inc., 7 F.3d 1110, 1121-1122 (3rd Cir.1993); Letizia v. Prudential Bache Securities, Inc., 802 F.2d 1185, 1188 (9th Cir. 1986). これに対し，仲裁合意を締結した当事者が，当事者の一方である法人の役職員に対し仲裁合意を援用する権利を付与しているとして，代理の法理により法人の役職員が仲裁合意を援用することができるとする判例がある。See e.g., Arnold v. Arnold Corp.-Printed Communications For Business, 920 F.2d 1269, 1282(6th Cir. 1990); McCarthy v. Azure, 22 F.3d 351, 357-361(1st Cir. 1994).
9　Stavros L. Brekoulakis, Third Parties in International Commercial Arbitration (Oxford University Press 2011) 58.
10　Spear, Leeds & Kellogg v. Central Life Assur. Co., 85 F.3d 21 (2nd Cir. 1996). Flink v. Carlson, 856 F.2d 44, 46 (8th Cir. 1988). See Brekoulakis, supra note 9, at 63.
11　Born, supra note 8, at 1473; Brekoulakis, supra note 9, at 133; James M. Hosking, Non-Signatories and International Arbitration in the United States: the Quest for Consent, 20(3) Arbitration International (2004) 289, 294. 裁判例として，たとえば，American Bureau of Shipping v. Tencara Shipyard S.P.A.,170 F.3d 349, 352-353 (2nd Cir. 1999). See Thomson-CSF, S.A. v. Am. Arbitration Ass'n, 64 F.3d 773 (2nd Cir. 1995); International Paper Co. v. Schwabedissen Maschinen & Anlagen GMBH, 206 F.3d 411 (4th Cir. 2000); InterGen N.V. v. Grina, 344 F.3d 134 (1st Cir. 2003); E.I. DuPont de Nemours and Co. v. Rhone Poulenc Fiber and Resin Intermediates, S.A.S.,269 F.3d 187 (3rd Cir. 2001). See Thomas H.

V　おわりに

  Oehmke and Joan M. Brovins, Binding Nonsignatories to Arbitration—Beware of Foot in Door, American Jurisprudence Trials (2015) § 46.

12 F.3d 411, 418.

13 *See* Brekoulakis, *supra* note 9, at 135.

14 Thomson-CSF, S.A. v. American Arbitration Ass'n, 564 F.3d 773, 779 (2nd Cir. 1995); Sourcing Unlimited, Inc. v. Asimco Intern., Inc., 526 F.3d 38 (1st Cir. 2008); CD Partners, LLC v. Grizzle, 424 F.3d 795, 799 (8th Cir. 2005); Sunkist Soft Drinks, Inc. v. Sunkist Growers, Inc., 310 F.3d 753 (11th Cir. 1993); Choctaw Generation Ltd. Partnership v. American Home Assur. Co., 271 F.3d 403 (2nd Cir. 2001); J.J. Ryan & Sons, Inc. v. Rhone Poulenc Textile, S.A. , 863 F.2d 315 (4th Cir. 1988); Sam Reisfeld & Son Import Co. v. S. A. Eteco, 530 F.2d 679 (5th Cir. 1976).

15 Grigson v. Creative Artists Agency L.L.C., 210 F.3d 524 (5th Cir. 2000) におけるデニス裁判官による反対意見（*Id.*, at 531-537）。

16 *See* Oehmke and Brovins, *supra* note 11, § 32, § 50.Brekoulakis, *supra* note 9, at 66; Hanotiau, *supra* note 8, at 29.

17 Thomson-CSF, S.A. v. Am. Arbitration Ass'n, 64 F.3d 773, 777 (2d Cir. 1995).

18 *See* Born, *supra* note 8, at 1445. 英国法上，グループ会社の法理は認められていない。この点を明確に示した判例として，Peterson Farms Inc v. C&M Farming Ltd, [2004] WL 229138, para. 47 がある。

19 Dow Chemical France, The Dow Chemical Company and others v ISOVER Saint Gobain, Interim Award, ICC Case No. 4131, 23 September 1982.

20 Société Isover-Saint-Gobain v. Société Dow Chem., 1984 Rev. Arb. 98. See Brekoulakis, *supra* note 9, at 150.

21 Born, *supra* note 8, at 1447.

22 Stephan Wilske, Laurence Shore, Jan-Michael Ahrens, The "Group of Companies Doctrine" - Where is it Heading?, 17 American Review of International Arbitration (2006) 73, 84, 87-88. フランス破棄院 2007 年 5 月 27 日判決は，当事者の意思に言及することなく，国際的な仲裁条項の効力は，仲裁条項を含む契約およびそれから生じ得る紛争に直接関与した者に拡張されるという（越智幹仁「超国家法的仲裁への希求──フランスおける仲裁合意の人的範囲の拡張事例を契機として」（国際商取引学会年報 19 号（2017）91 頁，96 頁））。

23 Brekoulakis, supra note 9, at 154-164. *See* Born, *supra* note 8, at 1447-1455.

24 *See* Born, *supra* note 9, at 1422.

25 Merrill Lynch Inv. Managers v. Optibase, Ltd., 337 F.3d 125, 131 (2nd Cir. 1994); DK Joint Venture 1 v. Weyand, 649 F.3d 310 (5th Cir. 2011).

26 栂善夫「民事訴訟における信義誠実の原則」青山善充＝伊藤眞編『民事訴訟法の争点〔第 3 版〕』（有斐閣，1998）18-19 頁。

27 内田貴『民法Ⅱ〔第 3 版〕』（東京大学出版会，2011）147 頁，加藤雅信『新民法大系Ⅳ　契約法』42 頁（有斐閣，2007）参照。

28 *See* Otto Sandrock, The UK Supreme Court Misses the Point: Estoppel Applies Without the Existence of a Common Intention, 23 American Review of International Arbitration (2012) 175, 183-184; Tobias Zuberbühler, Non-Signatories and the Consensus to Arbitrate, 26(1) ASA Bulletin (2008) 18, 33.

29　江頭憲治郎『株式会社法〔第 7 版〕』（有斐閣，2017）42-48 頁参照。
30　なお，周知のとおり，既判力，執行力の拡張については，判例は，訴訟手続の明確性，安定性を理由にこの法理の適用を否定している。この点に関し江頭・前掲注（29）47 頁参照。
31　*See* Born, *supra* note 8, at 1490-1491. *See also* Arthur Andersen LLP v. Carlisle, 556 U.S. 624, 631 (2009).
32　三木浩一＝山本和彦編『新仲裁法の理論と実務』ジュリスト増刊（有斐閣，2006）〔上野泰男発言〕62 頁参照。
33　小島＝猪股・前掲注（2）86 頁参照。

京都国際調停センターの設立と展望

岡田　春夫（おかだ　はるお）
弁護士，公益社団法人日本仲裁人協会常務理事，京都国際調停センターセンター長

京都国際調停センターの設立と展望

2018年11月20日，日本初の国際調停用常設施設を備えた調停専門機関「京都国際調停センター」(Japan International Mediation Center in Kyoto。略称JIMC-Kyoto。以下「京都センター」）が開所した。京都センターの設立は，日本における国際調停のソフト・ハードインフラを整備・充実させ，国際標準の調停を日本で行えるようにする画期的なプロジェクトである。

以下，調停が現在世界的に脚光を浴びている理由（Ⅰ），調停と日本文化の親和性（Ⅱ），京都センターが目指す国際標準の調停と日本で近代育まれてきた裁判所調停との違い（Ⅲ），京都センターの設立目的と特長（Ⅳ），京都センターの役割（Ⅴ），将来の展望（Ⅵ）について述べる。

Ⅰ 調停が現在世界的に脚光を浴びている理由

調停は，中立の第三者（調停人）が紛争当事者の間に入って両者の言い分を聞き，両当事者が互譲によって和解に至ることを促進することによって紛争を解決する手続きであり，今，世界的に脚光を浴びている。その理由は，以下に述べるような，訴訟や仲裁にはない調停特有の利点にある[1]。

(1) 低コスト

最近は，裁判・仲裁のコストが非常に高くつく傾向にある。調停は，下記(2)に述べるように，短期解決ということもあり，裁判や仲裁よりも圧倒的に安く解決できる傾向にある。

(2) 迅速解決

当事者に主張，立証を尽くさせ，これに基づき中立の第三者が判断を下す裁判や仲裁と異なり，調停は，当事者が和解に至ることを促進する手続で，最終的な判断を下すものではないため，当事者の主張や立証の程度は自ずと限られ，裁判・仲裁よりも圧倒的に早く解決できる傾向にある。非常に大きな紛争も，わずか数日の調停で円満解決される例もある。例えば，Intel-AMD間の，各国での独占禁止法上の紛争が，12.5億ドル（約1375億円）の支払いとクロス・ライセンスなどで調停成立した例もある[2]。

(3) 当事者が結果をコントロールできる

調停は，調停人が両当事者の和解を取り持つもので，両当事者が合意できない場合には和解は成立しない。調停の手続を利用しても和解の成立を強制されることはなく，合意できない場合にはその時点で調停は終了するため，手続を利用しやすい。

(4) 対立性が少ない

調停は，裁判・仲裁と比較すると，そもそも対立構造が少なく，そして衝突度合も低いシステムである。

以上のような利点があり，調停は，世界的に見ると歴史は比較的浅いが，今，世界的に脚光を浴びている。アジア諸国でも，最近，調停を推し進める動きが活発であり，アジア諸国の調停機関として，シンガポール国際調停センター（SIMC），香港国際仲裁センター（HKIAC），アジア国際仲裁センター（AIAC）などの国際紛争解決機関の調停が挙げられ

る。これらの調停機関を含め，海外の主要な国際調停機関は，常設施設を有し，審問室，控室，通訳ブース，バイリンガルスタッフの常駐，などの充実した設備を有し，国際調停人名簿を保有するなど，充実したインフラを整備している[3]。

このような世界の潮流の中，2019年には，シンガポール国際商事調停条約が発効する。調停により成立した和解合意は，民事上の合意としての法的効力はあるが，それを履行しない場合の執行力は，仲裁判断と異なり，ない。その場合，一般の契約違反と同様に民事上の合意違反として裁判所等での救済を求めるしかないのが原則である[4]。同条約は，この調停の短所を解決すべく，調停の結果得られた和解合意に執行力を付与することを目的としており[5]，調停は，世界において，ますます脚光を浴びる存在になってきている。

II 調停と日本文化の親和性

上記に述べたとおり，調停は，世界においては，歴史は比較的浅く，近年になって脚光を浴びる存在になっているが，日本では，調停に非常に親和性が高い文化と長年の歴史を有している。京都センターが目指す世界標準の調停について述べる前に，まず，日本文化と調停の親和性について述べる。この点が，日本が国際調停のインフラ整備を行い，司法の世界で世界貢献を目指す京都センタープロジェクトを立ち上げたことや，そのインフラを京都に設けたことにかかわるからである。

調停の精神は，日本文化の中に脈々と受け継がれてきており，古くは，日本の最初の憲法と言われる604年の17条憲法に遡る。同憲法は，第1条に「和を以て尊しとなす」と規定している。その後も，鎌倉や江戸時代においても調停が紛争解決手段として広く利用されてきていると言われている[6]。近代に目をやっても，日本の近代的国内調停の歴史は長く，現在行われている日本の民事調停は借地借家調停法（1922年）を起源として90年以上の歴史を持ち，裁判所調停は活発に利用されている。対立的な裁判や仲裁よりも，互譲の精神により，話し合いで解決するという調停の構造が，日本文化と親和性があるからと考えられる。

このように，調停は，日本の文化と親和性が高く，日本人や日本企業にとってハードルが低く，入り易い手続であるうえ，下記に述べるように，司法の世界で日本が自然体に世界貢献していける分野と言える。

III 京都センターが目指す国際標準の調停と日本で近代育まれてきた裁判所調停との違い

(1) 日本で国際調停が利用されていない現状とその背後にある理由

日本で国内調停は活発に利用されている一方，国際調停は，ほとんど利用されていないのが現状である。理由としては，まず，国際調停の人的・物的インフラの欠如が挙げられる。日本には，現在，国際調停専用の常設施設や専門機関はないし，国際調停人名簿もない。国際調停人養成も，ごく最近始まったばかりである。さらに，国際調停が日本でほとんど利用されていない大きな理由としては，下記に詳述するとおり，国際標準の調停と，日本において近代育まれてきた裁判所調停

(以下「日本の従来の調停」という)とに異なるところがあることが挙げられる。なお,日本の従来の調停も,第三者が当事者の互譲による合意形成を促進する手続であり,当事者が合意を強要されることはないという調停の根本的な特徴は変わらず,Iに述べた調停の特長を基本的に備えることは言うまでもない。

(2) 国際標準の調停実務と日本の従来の調停実務との違い

近代日本では,上記のとおり,調停が日本文化に親和性が高いこともあり,明治以降,国内調停が大いに普及・発展し,その過程で日本特有の調停プラクティスを確立してきた。裁判所調停をイメージすれば分かるとおり,調停手続での主張や内容が後の裁判手続きへ利用されうるなど守秘義務についての異なる取扱い[7],評価型に重点を置くアプローチの仕方,五月雨式の調停期日の開催,コーカス(別席調停)の原則など,日本の従来の国内調停は,国際標準の調停とは違いが結構あると言える。日本の従来の調停プラクティスと国際標準の調停は,単に,調停の対象がdomesticかinternationalかとの点で異なるだけではなく,上記に述べた制度としての違いがある。日本の従来の調停プラクティスは,日本では大いに機能していると言えるが,国際標準に慣れている海外のユーザーから見ると,異質のものとして映るため,海外から日本に国際調停を呼び込めていない大きな原因の1つになっていると考えられる。

以下,日本の従来の調停と異なる,京都センターが目指す国際標準の調停の特徴について,詳述する。

(a) 調停手続での主張や内容が後の手続で利用されない

国際標準の調停プラクティスと日本の従来の調停プラクティスの最も大きな違いの1つである。

国際標準の調停では,守秘義務が厳格に守られ,調停における当事者等の言動,意見等の後の裁判や仲裁手続での利用が禁止される。2002年にUNCITRAL総会で採択された国際商事調停モデル法においても,この点を明記している[8]。そして,この点は,日本の従来の調停プラクティスとの大きな違いでもある。

この厳格な守秘義務の存在は,国際標準の調停が,高い成功率を誇る所以でもあると言われており,以下にこの点につき説明を加える。

仮に,調停における言動や意見等が,後の裁判や仲裁などの手続で利用されるのであれば,当事者はこのことを常に意識しなければならず,調停人に対しても本音を語りにくく,調停がうまくいかなかったときに備えて,主張や立証を総花的に行うことになってしまう。一方,調停における言動や意見等が,後の裁判や仲裁などの手続で利用されないという安心感があれば,当事者は調停人に対し,本音を語り,譲歩できるギリギリのラインを示すこともでき,その結果,当事者間のコンフリクトを和らげて和解が成立しやすくなり,調停の成功率が上がる[9]。

また,調停は,調停人が両当事者の和解を取り持つもので,両当事者が合意できない場合には和解は成立しない。調停の手続を利用しても和解の成立を強制さ

Ⅲ 京都センターが目指す国際標準の調停と日本で近代育まれてきた裁判所調停との違い

れることはなく，合意できない場合にはその時点で調停は終了するため，手続を利用しやすいというハードルの低さが，裁判や仲裁と大きく異なる調停の良さであると言われる。調停での言動や意見等を後の手続きで利用されないという安心感があれば，この調停の長所である調停利用のハードルも一層低くなり，調停に入りやすくなる。

京都センターで実施される調停も，このような国際標準の調停であり，守秘義務が厳格に守られ，調停における当事者等の言動，意見等を後の裁判や仲裁手続で利用することが禁止される。

(b) 評価型を重視しすぎないアプローチ

日本の従来の調停プラクティスと国際標準の調停プラクティスでは，評価型か対話促進型かというアプローチの手法に異なる面があると言われている。評価型及び対話促進型の分類は一義的でなく，それぞれがある程度幅のある概念であり，一刀両断に定義できる性質のものではないが，典型例を踏まえると，一般的には下記表のような整理が可能である[10]。

日本の従来の調停では，裁判になった場合の結論を予測し，それを踏まえ当事者の合意を目指す，評価型の手法が主流である。日本の従来の調停プラクティスが裁判所調停の実務により育まれてきたことから当然の帰結とも言える。国際標準の調停では，評価型の手法に加え，可能であれば別の関心事もテーブルに乗せ，調停人が当事者の選択，意思決定を支援するという，対話促進型の手法も広く実践されている。国際標準の調停は，最終的に判断を下す裁判官や仲裁人とは別の第三者が行うことが大原則となっていることから当然の帰結とも言える。ただし，日本の従来の国内調停においても，対話促進型を重視する調停人もいる一

	評価型（Evaluative 型）	対話促進型（Facilitative 型）
概要	調停人は当事者に事実関係及び法的主張をさせた後，自己の評価（予想）または裁判した場合の結果の予想について言及する。 調停人が提案を示したり，当該提案のメリットや当事者間の特定の問題に見解を示したりするなどして比較的アクティブな又は介入的な役割を果たす。	結果のコントロールは当事者及びその代理人に委ねられている。関連する情報が当事者間で交わされ，調停人はコミュニケーションを促進させ，解決のための選択肢を当事者が生み出すのを助ける。 当事者が解決しようとする自助努力を，調停人が手助けする。
調停人の役割	調停人が，当事者の主張を評価し，調停人の見解を示して，説得していく。	調停人は，当事者の主張を評価せず，見解を示さない。当事者に気づかせて解決に持っていかせる。

方，海外の調停においても評価型の調停を多用する調停人もいる[11]ため，上記調停手法の違いは必ずしも大きいものとは言えず，個々の調停人の調停手法の傾向の違いと理解した方が正しいと言える。

京都センターで実施される調停は，評価型に重点を置くのではなく，個々の調停人の傾向や事案の性質に応じて，対話促進型の手法もまじえた柔軟なアプローチが実践されることが期待される。

(c) **集中的に期日を開催し，短期で終了する**

日本の従来の調停は，裁判所調停の実務により育まれてきたことから，五月雨式に期日が開かれることが多い。

これに対し，京都センターが目指す国際標準の調停は，期日を連続する1～2日開催し，短期で終了するという点が挙げられる[12]。これは，国際調停の調停人，当事者，代理人が遠方に所在することが多く，五月雨式に期日を何度も開催するわけにいかないという実務上のニーズからくるものである。このようにして，裁判や仲裁を選択すると長期化することも多いのに対して，調停の迅速解決のメリットを一層大きなものとすることができる。とりわけ進行中のビジネスやプロジェクトに関する紛争の場合には，このメリットは非常に大きい。京都センターで実施される調停も，期日は連続する1～2日に集中的に開催し，短期で終了させることを目指すものである。世界的に有名な国際調停機関の調停規則には，原則として，申立から2～3か月以内の終結を規定しているものがあり[13]，京都センターの調停規則もこの考え方に従うものである。

(d) **コーカス（別席調停）のみならず同席調停も利用する**

コーカスとは，調停人の面前で当事者同士が一同に会するのではなく，調停人が一方当事者とのみ面接話し合いを行い，これを必要に応じ交互に行う調停手続を言う。日本の従来の調停は，コーカスが殆どである。

これに対し，京都センターが目指す国際標準の調停は，調停人の面前で両当事者が同席する場で話し合う同席調停も適宜利用される。同席調停を利用することで，当事者が互いに相手の主張を正確に把握し，納得を得るプロセスになりうると言われている。

(3) **和解成功率の高さ**

著名な調停機関では，専門的訓練を受けた調停人が，上記(2)(a)に述べた厳格な守秘義務の下，上記(2)(b)に述べた評価型や対話促進型の手法，及，上記(2)(d)に述べたコーカスと同席調停を適切に使い分けて用いると，実に80%以上の案件で，たった1日か2日で合意に持ち込めると言われている[14]。京都センターの調停人リストには，著名な調停機関の調停人を兼ねる専門的訓練を受けた調停人が多く名を連ねており，同様の高い和解成功率を目指すものである。

(4) **小　括**

上記に述べてきたとおり，日本は調停に非常に親和性の高い文化と歴史を有しており，国内調停は活発に利用されてきている。しかるに，国際調停に目を転じると，上記に述べ

た様々な理由から，殆ど利用されておらず，海外進出する企業（とりわけ中小企業）にとって，日本を調停地として選択しにくく，日本で国際調停を行うことが魅力的な選択肢とはなっていないのが現実である。

IV　京都センターの設立目的と特長

このような背景の下，最近アジアにおいて調停を推し進める動きが活発となっており，国際標準の調停を日本において行えるようにすることが喫緊に必要となっている。国際調停のインフラをハード面・ソフト面ともに整備・充実させ，上記Ⅲに述べた障害を取り除けば，元来調停が日本の文化に強い親和性を持つことから，日本人及び日本企業にとって使い易い紛争解決手段となるうえ，国際調停の分野において日本が自然体に国際貢献を果たすことも夢ではないと言える。京都センターは，国際標準の調停を日本に普及させるため今般設立されたものであり，以下に述べるような，(1)京都でのセッティング，(2)国際水準の充実したインフラ，(3) User-friendly な制度設計，といった大きな特長を持つ。

(1)　京都でのセッティング — なぜ京都か

京都センターの大きな特長は，京都という地で国際調停を行うことにある。なぜ京都か，という点について，理由は以下の通りである。

国際調停は短期集中型手続きであり，一般に調停期日自体は連続する2日間程度で短期終了するから，場所はビジネスの中心地でな

くてもよい。世界的に著名な国際調停人は，国際的観光地を調停の場所として好み，多くの国際調停を成立させているという。国際的観光地を調停の場所とすることで，当事者は気持ちも安らぐし，早くトラブルを解決して観光も楽しみたい，ここまで来て成果なしに帰るのはもったいないという気持ちになるという心理的影響も調停には重要である。そして，京都は，上記のとおり，調停に親和性を有する日本文化の，象徴的都市であると同時に，世界的に著名な観光都市であり，調停成立に向けた心理的好影響も大いに期待できる。さらに，京都は，調停人・当事者・代理人も，訪れたいと思う都市であり，とりわけ外国人を惹きつける大きな誘引力を有している。

このように，京都は，国際調停にふさわしい都市である。

(2) 国際水準の充実したインフラ

京都センターは，国際水準の充実したハード，ソフトインフラを有している。

(a) ハードインフラ

①調停施設

調停施設は，同志社大学の好意的かつ全面的なご協力を得て，同大学の素晴らしい施設（同時通訳ブースあり）が安価に利用可能となった（前頁写真参照）。海外の著名な国際調停機関の施設に引けを取らない，国際水準の充実した施設である。大学内の設備を利用するため，アカデミックな落ち着いた雰囲気の中での調停が可能である。

②その他施設

国際調停は，連続した1~2日の期日を集中的に開催するため，調停期日当日は，当事者も代理人も調停人も，終日を調停施設内で過ごすことになる。そのため，国際調停においてユーザーから重視されるのが，食事やリフレッシュメントなどの対応である。海外の著名な国際調停施設でも，ユーザーの多様な食文化に対応した複数のレストランを備えている。京都センターでは，構内に，ハラルやベジタリアンなど多様な食文化に対応可能な食堂施設もあり，期日当日は京都センターのスタッフがランチのオーダーも手配するから，慣れない異文化の町で食事の心配をすることなく，当事者は調停に専念することができるよう細やかな配慮がなされている。

③ロケーション／アクセス

京都センターのある同志社大学今出川キャンパスは，京都市営地下鉄今出川駅に直結しており，京都市街地からのアクセスも良く，理想的なロケーションにある。

(b) ソフトインフラ

京都センターで行われる調停は，国際標準の調停である。京都センターでは，国際標準の調停規則を整備するとともに，多国籍からなる一流の調停人が名を連ねる調停人リストを整備しており，国際水準のソフトインフラを有する。

①調停規則

京都センターの機関調停規則は，UNCITRALの国際商事調停モデル法を基本に，世界の著名な国際調停機関の調停規則と同様の国際標準仕様となっている。例えば，申立から概ね2~3カ月程度の短

IV 京都センターの設立目的と特長

期終結を想定した迅速処理を意識した条項や，調停手続での主張や内容が後の手続で利用されないことを定める守秘義務の扱いなど，世界のスタンダードを採用している。

②調停人リスト

調停において最も重要なのは，調停人の質である。Antonio Piazza 弁護士は，世界的にも著名な国際調停人の一人であるが，京都センター設立前から同センターに関心を寄せ，2017 年 12 月 1 日に同志社大学で開催した国際調停セミナーの基調講演をして頂いた。また，Piazza 弁護士には，その後も，京都センターの運営等に関して大所高所からアドバイスを頂くアドバイザーにも就任頂いている。

調停人リストは，海外居住者名簿と国内居住者名簿の 2 本立てになっており，海外居住者名簿には，Piazza 氏をはじめとして，アメリカ，オーストラリア，カナダ，シンガポール，インド，香港，EU，ニュージーランド，韓国，イギリス，ベトナム，カンボジア，中国といった多様な法域から，経験豊富な一流の国際調停人 48 名に就任頂いた。国内居住者名簿には，商事や家事，国内調停を含めて，国際紛争解決の第一線で活躍しておられる約 60 名の方に就任頂いた（いずれも本稿出稿時点）。今後も，世界の国際紛争解決機関とも連携しながら，調停人名簿を一層充実させていきたいと考えている。

③アドバイザー

京都センターの運営等について大所高所からアドバイスを頂く機関として，国内外の著名な実務家・学者の方々に，アドバイザーに就任頂いている。

本稿出稿時点で，海外アドバイザーには，前述の Piazza 氏に加え，Anselmo Reyes 氏（香港大学教授，シンガポール国際商事裁判所国際裁判官），Daniel McFadden 氏（香港・CEDR Asia Pacific 代表），Huang Jin 氏（中国政法大学学長），国内アドバイザーには，小杉丈夫氏（弁護士，元 Law Asia 会長），草野芳郎氏（弁護士（元裁判官），学習院大学教授，元

海外居住者の調停人の居住地

アメリカ	4	ニュージーランド	1
オーストラリア	4	韓国	1
カナダ	1	イギリス	6
シンガポール	10	ベトナム	2
インド	4	カンボジア	1
香港	14	中国	1
EU	1	合計 48 名（※ 2 名につき，ダブルカウント）	

仲裁ADR法学会理事長）、レビン小林久子氏（元九州大学大学院教授、調停人）、大本俊彦氏（元京都大学教授（工学博士）、FIDIC公認紛争裁定人）、谷口安平氏（京都大学名誉教授）、青山善充氏（東京大学名誉教授）、野村美明氏（大阪大学特任教授）、齋藤彰氏（神戸大学教授）、松岡敬氏（同志社大学学長）、川村明氏（弁護士、JAA理事長）、小原望氏（弁護士、JAA副理事長）にご就任頂いている。

(3) User-friendly な制度設計

京都センターは、利用者にとって使い勝手の良いセンターとなるような制度設計となっている。とりわけ、費用面については、京都センターの運営主体であるJAAが公益社団法人であり、京都センターの設立運営事業が公益事業として認定を受けていることもあって、安価な値段設定がされている。

(a) 機関調停利用の場合

センター利用料（申立費用、管理費用）は、他の国際調停機関と比較しても、安価となるよう設定されている。申立費用は一律固定額とし、管理費用は係争額に応じた固定額とすることで、利用者が事前に利用料を明確に把握できるようにしている。

【申立費用】
一律5万円
【管理費用】（＊施設利用料込）

係争額	一当事者あたりの金額
2000万円未満	100,000円
2000万円以上1億円未満	150,000円
1億円以上2億円未満	250,000円
2億円以上10億円未満	350,000円
10億円以上50億円未満	450,000円
50億円以上	500,000円

(b) アドホック調停利用の場合

京都センターは、アドホック調停のサポート機関としても、利用可能である。施設利用については、1日4万円で、審問室及び控室2室の合計3室を1日（基本時間：午前9時〜午後5時、延長も対応可）使用可能である。

(c) 調停人報酬について

調停人報酬は、個々の調停人により異なるが、京都センターとしては、各調停人の日単価又は時間単価を把握し、ユーザーからの求めに応じて単価を開示することにより、支払総額につき、事前に利用者が大枠を把握しやすくできるようにしている。

V 京都センターの役割

京都センターは、国際標準の国際調停を日本に普及させるために設立されたものであり、その役割は、下記に詳述するとおり、調停の実施、調停研究、国際調停の人材養成、国際調停の普及・啓発にある。

(1) 調停の実施

京都センターの中心的業務となるのが調停の実施であり、上記に述べた機関調停の実施及びアドホック調停実施のサポートが重要な役割となる。

(2) 調停研究

同志社大学とも提携して、国際標準の調停技法の研究、海外の主要な国際調停機関のトレーニングプログラムの研究等を行い、調停研究の中心的役割を果たすことになる。

(3) 国際調停の人材養成

京都センターは，日本において，国際標準に準拠した国際調停人養成も重要な役割として担っている。国際調停の実績が少ない日本において，国際調停実務のスキル研鑽のための研修も企画しており，国内外の機関とタイアップして，京都センター開所前から，既に複数の国際調停人養成研修やセミナーの実施を進めてきた。とりわけ国内居住者調停人リスト掲載者については，京都センター開所後原則3年以内に一度研修にご参加頂くことをリスト掲載の継続要件とするなど，人材養成には力を入れている。

研修は，単なる講義形式ではなく，受講者参加型で，多くは2日間にわたり，内容の濃密なものとなっている。

以下は，2018年9月末時点で国内居住者調停人リスト掲載継続要件を充足する研修として認定済の2018年の研修の例を紹介する。研修は，今後も続々と実施される予定である。

- 2018年5月19日～20日「SIMCスペシャルワークショップ」
  （主催：Singapore International Mediation Centre，場所：同志社大学，使用言語：英語）
- 2018年6月30日～7月1日「調停人養成講座」
  （主催：JAA，場所：東京，使用言語：日本語）
- 2018年10月6日～7日「CEDR国際商事調停ワークショップ」
  （主催：神戸大学，場所：神戸大学，使用言語：英語）
- 2018年10月20日「CIArb国際調停人研修」
  （主催：CIArb，場所：慶応大学，使用言語：英語）
- 2018年10月26日～28日「国際家事調停人養成研修」
  （主催：JAA，場所：大阪，使用言語：英語及び日本語）

(4) 国際調停の普及・啓発

国際調停に関する講演，セミナー，ワークショップなどの開催を通して，国際調停の普及・啓発活動も積極的に進めていきたいと考えている。

VI 将来の展望

2019年にはシンガポール国際商事調停条約が発効する予定である。京都センター開所後の日本は，同条約への加盟を今後検討する必要がある。京都センターは，既にシンガポールの国際調停機関であるSIMCと協力協定を締結しているが，今後，同様に，海外の国際調停機関やADR機関と協力関係を結び，連携していきたいと考えている。

日本では，今般，外国法事務弁護士及び外国弁護士（以下「外国法事務弁護士等」という）の国際仲裁代理資格拡充を認める動きと同時に，国際調停代理資格を法制化する動きがあり，国際商事調停に関して外国法事務弁護士等の代理資格を法制化する方向で外弁法改正が検討されている[15]。外国法事務弁護士等の国際調停代理資格が明文化されることで，京都センターの使い勝手がさらに一層よくなることが期待される。

京都センターが設立され，国際商事調停条約発効という世界における国際調停振興の高

京都国際調停センターの設立と展望

まりの中，国際調停代理資格の法制化の動きも相まって，国際調停振興が大いに進むことが期待される。京都センターが，国際調停におけるアジアのリーディング機関となり，司法の分野で世界貢献していくことを目指したいと考えており，調停に非常に高い親和性を有する日本の文化と歴史的背景に鑑みれば，その可能性は大いにあると考えている。そして，京都センターの設立により日本で国際標準の調停が普及し，日本で育まれ普及・発展してきた日本の従来の調停と切磋琢磨し合うことで，日本の調停振興の一助になればと願っている。

注　釈

1　国際ビジネスに関する紛争として調停が注目を浴びている理由について，齋藤彰＝ジェームス・クラクストン「国際商事調停人のスキルトレーニング（上）」JCA ジャーナル 64 巻 10 号（2017）11 頁，及び，ジョエル・グリアー＝大森裕一郎「国際商事調停のすすめ」JCA ジャーナル 64 巻 8 号（2017）10 頁以下参照。

2　Cnet, "Intel to pay AMD $1.25 billion in antitrust settlement", https://www.cnet.com/news/intel-to-pay-amd-1-25-billion-in-antitrust-settlement/ (November 12, 2009)。なお，Intel-AMD 訴訟は，10 年越しの紛争であった。同紛争は，「非常に大きな紛争を調停で解決した」という例としては適切ではあるが，「わずか数日の調停で」解決したわけではない（3 月に調停オープニングして，夏の数カ月をかけたようである）。

3　Singapore International Mediation Centre ANNUAL REPORT 2015, HKIAC ANNUAL REPORT 2016 Reflections, AIAC Special Reports (7 May, 2018)

4　もっとも，調停により成立した和解合意は，当事者が合意して得られた内容であるため，任意の履行率は 8 割以上と言われており，調停により成立した和解合意に執行力を付与する必要性は，裁判や仲裁に比較すると，低い。アメリカにおける調停の例ではあるが，合意の任意履行率が高いであろうことを述べたものとして，ジェフリー・ソーブル＝田邉政裕「米国における紛争解決手続──訴訟・仲裁・調停の正しい選び方」国際商事法務 40 巻 10 号（2012）1505 頁の他，調停により得られた和解合意の任意履行率が 90％ であるという報告もある（Robert E. Lee Wright "Letting litigants know that MEDIATION really works" (State Bar of Michigan ADR Section)(http://www.michnofault.com/wp-content/uploads/2015/10/Letting-litigants-know-that-MEDIATION-really-works.pdf) 参照。

5　山田文「ADR 和解への執行力付与に関する総論的検討──UNCITRAL 国際商事調停和解の執行に関する審議からの示唆」加藤哲夫ほか編『現代民訴手続の法理　上野泰男先生古希祝賀論文集』（弘文堂，2017）

6　本書は，日本における調停の歴史を述べることを主たる目的としていないので割愛するが，この調停制度の歴史については，谷口安平「日本の紛争文化──江戸から現在まで」（2017 年 9 月 19 日ローエイシア東京大会基調講演）法の支配 188 号（2018）29 頁以下参照。

7　例えば，日本で大いに機能している裁判所の家事調停においては，家事調停の結果を後の人事訴訟に反映させるため，調停事件記録を人事訴訟において証拠とするべく，裁判所が記録の取り寄せを行うことがある。東京家庭裁判所においては，調停で自由な発言等をした当事者にとって不意打ちとならないように留意した運用を行っているとのことである（秋武憲一「調停前置主義の果たしている機能と効果」秋武憲一＝岡健太郎編著

VI 将来の展望

『離婚調停・離婚訴訟』27 頁（青林書院，2009）。

8 UNCITRAL Model Law on International Commercial Mediation
Article 10. Admissibility of evidence in other proceedings

1. A party to the conciliation proceedings, the conciliator and any third person, including those involved in the administration of the conciliation proceedings, shall not in arbitral, judicial or similar proceedings rely on, introduce as evidence or give testimony or evidence regarding any of the following: (a) An invitation by a party to engage in conciliation proceedings or the fact that a party was willing to participate in conciliation proceedings; (b) Views expressed or suggestions made by a party in the conciliation in respect of a possible settlement of the dispute; (c) Statements or admissions made by a party in the course of the conciliation proceedings; (d) Proposals made by the conciliator; (e) The fact that a party had indicated its willingness to accept a proposal for settlement made by the conciliator; (f) A document prepared solely for purposes of the conciliation proceedings.

2. Paragraph 1 of this article applies irrespective of the form of the information or evidence referred to therein.

3. The disclosure of the information referred to in paragraph 1 of this article shall not be ordered by an arbitral tribunal, court or other competent governmental authority and, if such information is offered as evidence in contravention of paragraph 1 of this article, that evidence shall be treated as inadmissible.

9 世界的に著名な国際調停人である Antonio Piazza 氏が，同人の極めて高い調停の成功率の秘訣を尋ねられて，「私が magic を持っているのではなく，調停手続そのものに magic があるのだ」と述べている所以でもある。

10 齋藤＝ジェームスクラクストン・前掲注(1)13 頁以下，ジョエルグリアー＝大森・前掲注(1)11 頁以下。

11 前出の Piazza 氏は，評価型の手法も多用すると言われている。

12 CEDR が英国で実施した調査結果によれば，74％ が調停期日 1 日で和解が成立したと回答し，15％ が調停が実施されてから短期間で和解が成立したとのことである（The Eighth Mediation Audit-A survey of commercial mediator attitudes and experience in the United Kingdom）（10 July 2018）。

13 Hong Kong International Arbitration Center Mediation Rule7 条（調停人選任から 42 日以内に終結させる最善努力義務），AIAC MEDIATION RULES (Effective as of 9th March 2018)14 条 4 項(b)（調停人選任から 3 か月以内の終了が基本），等。

14 世界的に著名な国際調停機関の 1 つである CEDR（Centre for Effective Dispute Resolution）における調停成功率は 89％ と報告されている（The Eighth Mediation Audit-A survey of commercial mediator attitudes and experience in the United Kingdom）（10 July 2018）。

15 「外国法事務弁護士による国際仲裁代理等に関する検討会報告書」（平成 30 年 9 月 25 日）。同報告書は，法務省のＨＰ（http://www.moj.go.jp/shingi1/shingi04000005.html）で公開されている。

日本国際紛争解決センターの設立

早川吉尚（はやかわ　よしひさ）
立教大学教授，弁護士

日本国際紛争解決センターの設立

I はじめに

 2018年5月1日，大阪中之島合同庁舎において「日本国際紛争解決センター（大阪）」の運用が開始された。同施設は，国際仲裁を中心とした仲裁・ADRにおける審問手続に使用することができる充実したインフラを，利用者に安価に提供することを目的に設置されたものである。

 本稿においては，以下，同施設が日本において設置されるに至った背景につき解説し（II），そこにおいて指摘される問題を改善するためにどのような施策が講じられようとしているのかにつき説明した上で，かかる施策の一環として「日本国際紛争解決センター（大阪）」がどのような経緯の下で設立されるに至ったのかにつき解説を行うこととする（III）。

II 仲裁地としての日本

 日本における代表的な国際仲裁機関である「一般社団法人日本商事仲裁協会」の年間の利用件数をみてみると，残念ながら年間20件前後を低空飛行していると言わざるを得ない。もちろん，「国際商業会議所国際仲裁裁判所」等の外国の仲裁機関の仲裁手続が，日本を仲裁地として行われる例もないわけではないが，それらを加えたとしても，日本を仲裁地とする仲裁手続の件数は，日本企業の世界におけるプレゼンスの大きさに比して，圧倒的に少ないのである。

 では，かかる状況を生じせしめている要因は何であろうか。

 この点，第一には，日本企業の紛争解決条項に対する意識という点を挙げることができよう。日本企業同士による国内事案においては，それぞれの企業が前提としている文化の同一性が高いが故に，和解が成立する可能性も高い。また，和解が成立しない場合でも，裁判所への信頼性が高く，かつ，裁判所も効率的で迅速な手続を実現してくれるため，裁判所に判断を仰ぐことで最終的な解決を得ることができる。そのため，国内事案においては，紛争解決条項を契約に挿入する必要すら意識されてこなかった。

 しかし，日本企業と外国企業の間の国際事案においては，それぞれの企業が前提としている文化が異なるため，和解が成立する可能性がそれほど高くはない。しかも，和解が成立しない場合，判断を仰ぐべき裁判所が日本と外国という形で複数存在するため，どちらの国の裁判所で手続を行うかという国際裁判管轄の問題から争わなくてはならなくなってしまう。そのため，どちらの国の裁判所も使わないという手法，すなわち，国際的に中立性の高い国際仲裁という手続を用いるということになるわけであるが，その際には，当然，紛争解決条項としての仲裁条項を挿入する必要が生じる。だが，近年のグローバル化により国際事案に急速に巻き込まれるようになった日本企業は，そもそも国内事案において紛争解決条項を挿入する習慣を有していなかったが故に，国際事案における仲裁条項を巡る交渉に長けていない。その結果，日本企業側のバーゲニングパワーが高いような事案であっても，外国に仲裁地を取られてしまうケースが多いのである。

 なお，近時においては，中小企業については別段（グローバル化の進展の度合いが大きい現在においては中小企業であっても海外と

Ⅱ　仲裁地としての日本

の取引や海外への投資をせざるを得なくなっていることが少なくはない），一定以上の規模の企業については，その法務部スタッフのレベルにおいては，仲裁条項の重要性は強く意識されるに至っている。しかし，企業内のそれ以外の部門，特に，企業の上層部については，「国際取引・投資に関する紛争は国際仲裁により解決すべきである」といった意識が共有されていない，さらには，そもそも国際仲裁が何であるかすらもあまり認識されていないという状態が依然として続いている。

　第二に，仲裁地として選ばれるために必要な環境が日本において整っているか否かである。この点，歴史的には，ニューヨーク，ロンドン，パリといった世界的なビジネスの中心地が，伝統的に仲裁地として選ばれてきた（世界的に著名な仲裁機関である「米国仲裁協会」，「ロンドン国際仲裁裁判所」，そして上述の「国際商業会議所国際仲裁裁判所」はそれぞれ，ニューヨーク，ロンドン，パリを拠点にしている）。しかし，日本にはそのような国際仲裁に伝統ある都市は存在していない。

　他方，チューリッヒ，ジュネーブ，ストックホルム，シンガポールというような，自国のビジネス企業に世界的に著名な企業がそれほど多くはない結果，二つの異なる国の企業の双方にとって中立的な地となり易い都市も，伝統的に仲裁地として選ばれてきた。しかし，日本企業は世界的にプレゼンスを有しているのであり，結果，日本が仲裁地とされることは，相手方企業にとっては中立的ではない地が選ばれるということになりかねない。そのため，相手方企業は日本が仲裁地として選ばれることを躊躇しがちになるのであり，日本企業側がよほど大きなバーゲニングパワーを有していない限り，日本に仲裁地を持ってくることは難しいというのが現実なのである（実際，同様に世界的にプレゼンスを有する企業を多数抱えるドイツも，伝統的に国際仲裁の仲裁地として選ばれることはそれほど多くない）。

　もっとも，そのことは裏返せば，日本企業側がバーゲニングパワーを大きく有しているような案件であれば，それを利用して，日本に仲裁地を持ってくるように交渉することも可能であることを意味する。しかし，実際の交渉の過程では，必ずしもそれは実現されていない。すなわち，相手方にとってみれば，日本に仲裁地を取られることは，後の紛争解決のための手続過程が自分たちに不利なものになる可能性が高いことを意味する。そのため，様々な理由を持ち出してそれを阻もうとするのが通常ということになるのであり，その際には，国際仲裁手続に熟達した仲裁人・仲裁代理人の日本における不足，（ビジネス界のグローバルスタンダードである）英語に堪能な仲裁人・仲裁代理人の日本における不足，そして，審問手続を行うにあたって適切な施設の日本における不在が，交渉過程において指摘されるということになるのである。

　もっとも，これらの指摘のうちの人材に関する部分については，国際仲裁手続において日本が仲裁地となったからといって，日本人が仲裁人や仲裁代理人にならなくてはいけないというわけでは全くないため，反論は可能である。また，現在においては，公益社団法人日本仲裁人協会や日本弁護士連合会，さらには，各単位弁護士会等が，様々な形で日本の弁護士等に対して国際仲裁や英語に関する

研修・トレーニングを提供しており，国際仲裁に熟達し，かつ，英語にも堪能な法律家の層も次第に厚くなってきている。したがって，この観点からも反論は可能である。

しかし，審問手続の場所という点については，反論は難しい。現代においては，例えばアジアの各国においては，シンガポールにおける Maxwell Chambers，韓国のソウルにおける Seoul International Dispute Resolution Center というように，いかなる仲裁機関も利用可能な審問施設が整備されている。他方，マレーシアのクアラルンプールにおける Asia International Arbitration Centre，香港の Hong King International Arbitration Centre など，その都市に拠点を有する仲裁機関が充実した審問施設を整備している例もある。しかし日本においては，そのような国際仲裁の審問手続に利用可能な専用施設が存在しなかった。

このことは，仲裁条項を巡る交渉過程において，仲裁地を日本にすることに相手方が抵抗する際，格好の口実となる。実際，上記のような専用施設がないことを前提に，日本で審問手続を行うということになると，審問手続を行うための大型の会議室を一つ，仲裁人間の打ち合わせや当事者双方・その代理人それぞれの打ち合わせのための小型の会議室を計三つ，最低でも用意しなければならない(それ以上に会議室が必要となることも少なくはない)。これを都内のホテルで，例えば，1週間準備するとなると，会議室代だけで数百万円は簡単に超えてしまう。しかも，ホテルの場合には，隣の部屋で宴席が営まれることになったとしても，これを阻むことは難しい。かかる事情から，上記のような施設が整っている日本以外の都市を仲裁地とするべきではないかと相手方から提案された際（しかも，上記の施設は当該国家や当該都市の公的プロジェクトの一環として資金面での支援がなされているため，価格も安価に抑えられている），これを断るのは非常に難しいというのが実態なのである。

以上のように，日本における充実した審問施設の不在という問題は，交渉過程で日本を仲裁地にすることを困難とさせてきた。これに加え，上述の仲裁条項の重要性に関する日本企業の意識の低さが，交渉をさらに不利にさせてきた。その結果，日本を仲裁地とする国際仲裁の件数は低迷してきたのである。

Ⅲ 問題改善のための施策と日本国際紛争解決センターの設立

日本を仲裁地とする国際仲裁の件数の低迷。国際取引や国際投資において仲裁条項が挿入されることは現在においては常態化しているため，それは，日本企業と外国企業の間における契約において外国を仲裁地とする仲裁条項が常態化してしまっていることを意味する（実際，国際商業会議所国際仲裁裁判所の統計等で，日本企業が一方当事者となっている仲裁手続の件数は，アジアの中では（人口に比例して企業数が圧倒的に多い）中国，インドに続く三番目の地位を他の国々と争うような状況にあり，仲裁手続に巻き込まれている件数自体が少ないわけではない）。

そのような状況下においては，いざ紛争が発生したという場合，遠い外国まで行かなければ紛争解決手続に参加することさえ覚束ないということになってしまい，（ごくごく一部のグローバル企業は別段）多くの日本企業

III 問題改善のための施策と日本国際紛争解決センターの設立

は（現代においてはその中には中小企業も含まれる），仲裁手続を行うこと自体を躊躇せざるを得なくなってしまう。そしてその結果，日本企業側に極めて不利な和解であっても，呑まざるを得ないという状況も多々生じてしまうのである。

様々な創意工夫により，競争優位性のある製品やサービスを世界的に提供している日本企業。しかし，そのような努力の結果として得られた利益も，外国での仲裁手続が強いられてしまい，不利な和解でも呑まざるを得なくなるような上述の状況により，一瞬で吹っ飛んでしまう。それを総計すれば，日本においては「失われたGDP」とでもいうべき多大な損失が存在してきたといっても過言ではなく，この問題を改善するための施策の必要性が唱えられるようになるのは必然といえよう。

では，かかる問題を改善するための施策とは何か。

この点については，上述してきた問題，そして，その改善のための官民をあげての対応の必要性に関して，2017年の春ごろから，公益社団法人日本仲裁人協会，日本弁護士連合会を中心に，政界や官界にロビー活動が行われた。驚くべきことに，かかるロビー活動への反応は非常に大きく，その結果，同年に出された自民党政務調査会司法制度調査会による「司法外交の新機軸」において，「アジアNo.1の『日本国際仲裁センター（仮称）』の設置」の提言がなされ，また，公明党による「成長戦略2017」においても同様の提言がなされた。

その上で，同年6月における日本政府の「経済財政運営と改革の基本方針2017」，すなわち，いわゆる「骨太の方針」においてはついに，「国際仲裁の活性化に向けた基盤整備のための取組」が日本のこれからの重点政策として採用されるに至ったのであった。

そして，かかる「骨太の方針」で採用された政策の実現のために，同年9月には日本政府の関連諸省庁を横断する形の「国際仲裁の活性化に向けた関係府省連絡会議」が設置された。また，かかる官による「関係府省連絡会議」に呼応する形で，民の側においても，公益社団法人日本仲裁人協会，日本弁護士連合会の他，日本の様々な仲裁機関・ADR機関が連携する「日本国際仲裁センター（仮称）設立検討協議会」が同年12月に設立されるに至った。

同協議会は，その後，大阪弁護士会と連携した上で，日本における充実した審問施設の不在という問題を少しでも解決すべく，ある提言を行うことになった。すなわち，2017年の秋において，それまで「大阪中之島合同庁舎」に所在していた「法務総合研究所国際協力部」が東京に移転してしまったが，その跡地を国際仲裁・ADRに関する審問手続や広報・研究・研修・利用啓発，人材育成のための施設として活用すべきではないかという提言である。

かかる提言は，上記「骨太の方針」に盛り込まれた「国際仲裁の活性化に向けた基盤整備のための取組」の目的に沿うものとして，同取組の推進母体である「関係府省連絡会議」事務局である法務省から一定の評価を受けることとなった。そして，2018年2月には，同協議会を中心に，かかる施設を運用する母体となるべき法人としての「社団法人日本国際紛争解決センター」が設立されるに至る。

日本国際紛争解決センターの設立

　その上で，同年4月1日には，かかる社団法人と政府の間において契約が結ばれ，「大阪中之島合同庁舎」の二階を上記のための施設として利用できる体制が整えられたのであった。

　その後，2018年4月26日，「日本国際紛争解決センター（大阪）」の開設記念セレモニーが同地において開催され，その上で，同年5月1日，「日本国際紛争解決センター（大阪）」が開業されるに至った。以降，同年だけでも5月，6月，8月，11月（2回），12月というように，国際仲裁や国際調停に関するシンポジウムやワークショップ，セミナーが，同施設において開催されている（特に，11月8日・9日の二日間に渡って開催された，国際機関であるAPECが主催したOnline Dispute Resolutionに関するワークショップは，各国・地域の政府代表を中心としたクローズドなものであったにもかかわらず，20か国前後の国々の代表80名近くが集まる非常に盛大なものとなった）。

　また，審問手続に関しても，2018年中に二件，2019年3月までに二件の予約が入るなど，順調な滑り出しをみせている（この他，内外の様々な団体の見学のための訪問が多数ある他，電話や電子メールによる問い合わせも多数寄せられている）。

　もっとも，「大阪中之島合同庁舎」の各種会議施設については，同庁舎の大部分を占める大阪高等検察庁・大阪地方検察庁，さらには，法務総合研究所国際協力部の各種会議にも用いられるため，利用者から希望があった日時において常に利用が可能というわけではない。そのため，上記の目的に適う利用の希望があったとしても，そのために断らざるを得ない場合も存在するというのが現状である。

Ⅳ　おわりに

　以上，「日本国際紛争解決センター（大阪）」が設置されるに至った背景，そこにおいて指摘される問題とそれを改善するための施策，さらに，その施策の一環として「日本国際紛争解決センター（大阪）」が設立された経緯につき，説明を行ってきた。

　なお，2018年の自民党政務調査会司法制度調査会による「誰一人取り残さない日本を目指して」においては，国際仲裁に3頁が割かれ，アジアの中核的国際仲裁センター整備の重要性，人材育成・招致，グローバルな法制度整備，広報・意識啓発に言及がなされている。

　その上で，同年6月における日本政府の「経済財政運営と改革の基本方針2018」，いわゆる，「骨太の方針」においては，「重点課題への取組」の中の「経済連携の推進」の一環としての「国際仲裁の活性化に向けた基盤整備のための取組」が位置付けられるに至っている。

　このように，「日本国際紛争解決センター（大阪）」の設立後も，「国際仲裁の活性化に向けた基盤整備のための取組」は続いているのであり，その中には，仲裁地としての日本の魅力をさらに向上するために，法制度の整備（最新の国際法制にあわせる形での仲裁法の改正や国際仲裁振興のための基本法の制定等が考えられよう），人材養成（仲裁人・仲裁代理人の育成の他に英語に堪能な法曹のさらなる養成も必要であろう），利用者たる日本企業への教育啓発活動（地方の中小企業を

IV　おわりに

対象としたセミナーや企業の上層部を対象としたセミナーが重要となろう），海外に対する広報宣伝活動（英語による様々な形での情報発信が必要となろう）なども含まれるであろう。

また，「日本国際紛争解決センター」を大阪だけではなく，東京にも設置することも次の重要な施策になるであろう。特に，東京については，2020年にオリンピック・パラリンピックが開催されるにともない，スイスのローザンヌに本拠を有する「スポーツ仲裁裁判所」の臨時部が東京に開設されることになるため，それまでの間に，世界のどこにも引けを取らない国際仲裁・ADRの審問施設が開設されることが望まれる。

なお，上述した「日本国際仲裁センター（仮称）設立検討協議会」については，大阪施設が設立された段階で，「日本国際紛争解決センター運営協議会」と名称が変更されているが，この民の側における連携団体についても，さらに参加団体を拡大させ，「日本国際紛争解決センター」に対して様々なステークホルダーの声を広く集めていくことが期待されよう。そして，そのために日本弁護士連合会とともに中心的な役割を担うことが期待されているのは，公益社団法人日本仲裁人協会なのである。日本における国際仲裁の未来のために，その責任は大きいといえよう。

仲裁人に関する利益相反事由の開示義務違反と仲裁判断の取消し

唐津　恵一（からつ　けいいち）
東京大学大学院法学政治学研究科教授

仲裁人に関する利益相反事由の開示義務違反と仲裁判断の取消し

最高裁平成 29 年 12 月 12 日決定
　平成 28 年（許）第 43 号
　X_1 及び X_2 対 Y_1 及び Y_2
　仲裁判断取消申立事件
　最高裁判所民事判例集 71 巻 10 号 2106 頁
〔抗告審〕
大阪高裁平成 28 年 6 月 28 日決定
　平成 27 年（ラ）547 号
　判例時報 2319 号 33 頁
〔第一審〕
大阪地裁平成 27 年 3 月 17 日決定
　平成 26 年（仲）3 号
　判例時報 2270 号 75 頁
　参照条文：仲裁法 18 条 1 項，3 項及び 4 項並びに 44 条 1 項及び 6 項

【当事者】
申立人 X_1X_2：空調機器（PTAC）の販売等を目的とする米国の会社
相手方 Y_1：電気・通信・電子及び照明機械器具の製造・販売等を目的とする株式会社，Y_2：シンガポールの会社

【仲裁事件に関する事実】
平成 14 年 10 月：X_1 と K 及び L が PTAC 購入契約（2002 年 PSA）を締結。2002 年 PSA には，次の内容を含む仲裁条項が規定されていた。(1)紛争等が生じた場合には，社団法人日本商事仲裁協会（JCAA）の商事仲裁規則（JCAA 規則）に従い大阪府における仲裁へ付託されること(2)仲裁人数は 3 名とすること(3)使用される言語は英語とすること(4)仲裁判断は終局的であり当事者を拘束すること。
平成 16 年 4 月：K は Y_1 に事業譲渡の一環として 2002 年 PSA に基づく権利義務を譲渡。
平成 21 年 1 月：Y_2 は L を吸収合併したため 2002 年 PSA に基づく権利義務を承継。
平成 21 年？月：Y_1 が PTAC 事業から撤退する事を決定。X_1X_2（X ら）と Y_1Y_2（Y ら）は撤退に伴う補償協議開始。
平成 21 年 9 月：Y_1 が N の子会社になる。
平成 22 年 10 月：Y らが X_1 に対し，2002 年 PSA を解除するとの意思表示。
平成 23 年 4 月：Y_1 が N の完全子会社になる。
平成 23 年 6 月 16 日：Y らが，X らを被申立人とし，JCAA に対し，2002 年 PSA 契約等について，Y らには，いずれも契約上の義務違反がない旨を宣言する等の仲裁判断を求める仲裁申立て。
平成 23 年 8 月 11 日：X らが，上記仲裁申立てに対する答弁書を提出。同時に，Y らによる 2002 年 PSA の解除が不適法かつ違法である旨の宣言等の仲裁判断を求める仲裁申立て。
平成 23 年 8 月 24 日：Y らは，JCAA 規則に基づき A を仲裁人に選定。X らは JCAA からの指示にもかかわらず，同日までに仲裁人を選任しないので，JCAA が JCAA 規則に基づき B を仲裁人に選任。
平成 23 年 9 月 20 日：A と B が，仲裁廷の長たる仲裁人として C（D のシンガポール・オフィスに所属する弁護士）を選任。C は，仲裁人に選任されるに際し，平成 23 年 9 月 20 日付書面（本件表明書）を作成し，JCAA に提出。本件表明書には，「本件仲裁に関して，私は，私の公正性及び独立性に正当な疑いを生じさせるおそれのある事実を認識していないことを，ここに表明いたします。もっとも添付用紙をご参照ください」とあり，添付用紙には，「以下の事項に対して両当事者の注

意を向けさせることが，私がパートナーを務める法律事務所であるＤのポリシーです。(1)私は，私の公正性又は独立性に正当な疑いを生じさせるおそれのある現在又は過去の案件を認識しておりません。(2)Ｄの弁護士は，将来，本件仲裁に関係性はないけれどもクライアントの利益が本件仲裁の当事者及び／又はその関連会社と利益相反する案件において，当該クライアントに助言し又はクライアントを代理する可能性があります。また，Ｄの弁護士は，将来，本件仲裁に関係しない案件において，本件仲裁の当事者及び／又はその関連会社に助言し又はそれらを代理する可能性があります。私は，本件仲裁の係属中，かかる職務に関与し又はかかる職務の情報を与えられることはありませんし，また，かかる職務が，本件仲裁の仲裁人としての私の独立性及び公正性に影響を与えることはないと考えています。」と記載されている。

平成26年8月11日：Ｃ，Ａ及びＢにより構成される仲裁廷は，Ｙらの主張を認め，Ｘらの反対請求を棄却する仲裁判断（本件仲裁判断）をした。

【弁護士Ｆに関する事実】
米国カリフォルニア州北部地区連邦地方裁判所に係属するブラウン管に関する反トラスト法訴訟（本件クラスアクション）に係る**平成22年2月5日**決定及び**平成26年9月8日**決定には，ＦがＤのサンフランシスコ・オフィスに所属する弁護士として，被告であるＥの訴訟代理人であると記載されていた。当該訴訟ではＮも共同被告であり，ＥはＮの完全子会社であった。したがって，ＥとＹ₁は兄弟会社の関係にあった。

Ｄは，平成25年2月20日のプレスリリースで，ＦがＤのサンフランシスコ・オフィスに移籍した旨を発表している。Ｆが，**平成22年12月2日**付けで作成・提出した代理人出頭通知書には，ＦがＳ法律事務所に所属する弁護士であることが記載されている。

これらに関して，第一審においては次の事実が認定されている。
1. ＣとＦの間に本件クラスアクションに関する情報交換等の交流があったというような事情は窺われないこと
2. 本件仲裁と本件クラスアクションは事案及び当事者を異にし，関連性もないこと
3. Ｃ自身は本件クラスアクションに関与しておらず，Ｄに所属する弁護士が本件クラスアクションに関与していることを含め，本件クラスアクションに関する情報に接する機会はなかったこと
4. Ｘらは，本件表明書に対して何ら異議を述べなかったこと
5. Ｃが仲裁人に選任された後，Ｄに所属する他の弁護士が本件仲裁事件に関係しない案件においてＹ₁の関連会社の訴訟代理人を務めることは，Ｘらにおいてもあらかじめ想定できたにもかかわらず，Ｘらは，このことを格別問題視していなかったこと

【仲裁判断取消申立事件に関する事実】
平成26年11月13日：，Ｘらは，Ｄに所属する弁護士であるＦが，Ｙ₁の兄弟会社であるＥを被告とする本件クラスアクションにおいてＥの代理人であるという事実（本件事実）は，仲裁人の公正性又は独立性に疑いを生じさせるおそれのある事実として，法

仲裁人に関する利益相反事由の開示義務違反と仲裁判断の取消し

18条3項及び4項並びにJCAA規則28条2～4項で開示されなければならない事実であるが，当該開示義務に違反したことが，法44条1項6号又は8号の取消事由にあたる等と主張して，本件仲裁判断の取消を求める申し立てを大阪地裁に行った。

平成27年3月17日：大阪地裁は，次の通り判示し，Xらの申立を棄却した。

1．開示義務違反について

①Cが仲裁人に選任された後，本件クラスアクションでEの訴訟代理人を務めるFがDのサンフランシスコ事務所に移籍したとの事実があっても，このことのみでは，いまだCの仲裁人としての公正性又は独立性を疑うに足りる相当な理由があるとまでは認められないから，同事実をもって，Cにつき仲裁人としての忌避事由が存在したということはできず，また同事実の存在が本件仲裁判断の結論に影響を及ぼしたとも認められない。

②Cは，仲裁人に選任されるにあたり，JCAAに対して本件表明書を提出し，その中で，D所属の弁護士が，将来，本件仲裁事件に関係しない案件において，本件仲裁事件の当事者及び／又はその関連会社に助言又はそれらを代理する可能性があることを明らかにした上，C自身は，本件仲裁事件の係属中，このような職務に関与し又はその情報を与えられることはなく，このような職務が，本件仲裁事件の仲裁人としての独立性及び公正性に影響を与えることはないと考えている旨の見解を表明しているところ，申立人らは，これに対して何ら異議を述べなかったものであって，上記のような事態が生じ得ること（Cが本件仲裁事件の仲裁人に選任された後，Dに所属する他の弁護士が本件仲裁事件に関係しない案件において相手方Y₁の関連会社の訴訟代理人を務めること）は，申立人らにおいてもあらかじめ想定できたにもかかわらず，申立人らは，このことを格別問題視していなかったことが認められる。このことをも併せ考慮すれば，Cが上記の事実を開示しなかったことが開示義務違反にあたるとしても，それによる瑕疵は軽微なものといえる。

2．開示義務違反による仲裁判断取消について

Cによる開示義務違反が法44条1項6号に該当するとしても，これを理由に本件仲裁判断を取り消すことは相当でないというべきである。（裁量棄却）

平成27年3月？日：大阪地裁の判断を不服としてXらは大阪高裁に抗告した。

平成28年6月28日：大阪高裁は，次の通り判示し，原決定を取消し，仲裁判断を取り消した。

1．開示義務違反について

(1) 仲裁人が「自己の公正性又は独立性に疑いを生じさせるおそれのある」事実があることを抽象的に述べたことは法18条4項の「既に開示した」ことに当たるかについて

①開示義務は，……仲裁人を忌避するかどうかの判断資料を当事者に提供するためのものであるから，その対象となる事実は，将来，生起する可能性のある抽象的，かつ，潜在的な事実ではなく，現実に発生し，又は発生し得る具体的に特定可能な事実でなければならず，そうでなければ，当事者は，その開示された事実が忌避事由に該当する

かどうかを適切に判断することができないというべきである。そして，Cは，本件表明書において「Dの弁護士は，将来，本件仲裁に関係しない案件において，本件仲裁の当事者及び／又はその関連会社に助言し又はそれらを代理する可能性があります。」と表明しているが，これは，将来，生起する可能性のある抽象的，かつ，潜在的な利益相反を表明しているものにすぎず，これにより，現実に発生した本件利益相反事由を開示したことにはならないから，本件利益相反事由は「既に開示した」とはいえない。

(2) 開示義務違反に該当するかについて

①本件利益相反事由は，……Xらの立場からすれば，Cを忌避するかどうかを判断するための重要な事実といえるから，これが，開示義務の対象となることは明らかである。また，FがD所属の弁護士であり，かつ，本件クラスアクションにおいて相手方Y_1の関連会社を代理している以上，Cについて利益相反のおそれがあり得るものと疑いを持たれるのが通常であって，それぞれが勤務するオフィスの所在国が異なるとか，本件仲裁と本件クラスアクションとはそれぞれ当事者が異なり，また，事案の同一性も関連性もないといってみても，これにより上記疑いがなくなるものではない。

②仲裁人の公正性又は独立性に疑いを生じさせるおそれのある事実が客観的に存在しているにもかかわらずその事実を仲裁人自身が知らなかったという理由で上記開示義務を免除することはできない。

③仲裁人が手間をかけずに知ることができる事実については，仲裁人には，開示のための調査義務が課されるべきである。そして，本件利益相反事由については，Cが所属する法律事務所であるD内においてコンフリクト・チェック（当該案件の当事者及び対象を明示して当該法律事務所所属の全弁護士に利益相反がないかどうかを照会して確認する手続）を行うことにより，特段の支障なく調査することが可能であったというべきである。本件においてこのような調査がD内で実施されたかどうかは一件記録上明らかでないが，当該調査が実施されたのに開示されなかった場合にはもちろんのこと，当該調査が実施されなかったために開示されなかった場合であっても，本件利益相反事由の不開示につき，開示義務違反の責任を免れない。

2．開示義務違反による仲裁判断取消について

(1) 仲裁人の開示義務が，仲裁手続の公正及び仲裁人の公正を確保するために必要不可欠な制度であることを考慮すると，本件開示義務違反は，それ自体が仲裁廷の構成又は仲裁手続が日本の法令に違反するものとして法44条1項6号の取消事由に該当するというべきである。

(2) 本件利益相反事由は，その内容からして，仲裁人の忌避事由に該当する可能性がないとはいえないものであり，その不開示は決して軽微な瑕疵とはいい難いものであるから，本件開示義務違反が重大な仲裁手続保障違反でないとまではいえない。……本件開示義務違反は，重大な手続上の瑕疵というべきであるから，それ自体が，たとえ，本件仲裁判断の結論に直接影響を及ぼすことがないとしても，法44条1項6号の取消事由に該当する

仲裁人に関する利益相反事由の開示義務違反と仲裁判断の取消し

というべきである。

(3)本件開示義務違反は，重大な手続上の瑕疵というべきであるから，仲裁手続及び仲裁判断の公正を確保するとともに，仲裁制度に対する信頼を維持するためにも，本件仲裁判断をこのまま維持することはできず，したがって，当裁判所は，本件申立てを裁量棄却することはしない。

平成28年？月：大阪高裁の判断を不服としてYらは最高裁に抗告（許可抗告，特別抗告）

【決定要旨】

原決定破棄，高裁差戻

1．仲裁人が「自己の公正性又は独立性に疑いを生じさせるおそれのある」事実があることを抽象的に述べたことは法18条4項の「既に開示した」ことに当たるかについて

「仲裁人は，法18条4項の事実が「既に開示したもの」に当たれば，当該事実につき改めて開示すべき義務を負わないが，仲裁人が当事者に対して法18条4項の事実が生ずる可能性があることを抽象的に述べたというだけで上記の「既に開示した」ものとして扱われるとすれば，当事者が具体的な事実に基づいて忌避の申立てを的確に行うことができなくなり，仲裁人の忌避の制度の実効性を担保しようとした同項の趣旨が没却されかねず，相当ではない。したがって，仲裁人が当事者に対して法18条4項の事実が生ずる可能性があることを抽象的に述べたことは，同項にいう「既に開示した」ことには当たらないと解するのが相当である。」

2．開示義務違反に該当するかについて

「仲裁人が，当事者に対して法18条4項の事実を開示しなかったことについて，同項所定の開示すべき義務に違反したというためには，仲裁手続が終了するまでの間に，仲裁人が当該事実を認識していたか，仲裁人が合理的な範囲の調査を行うことによって当該事実が通常判明し得たことが必要であると解するのが相当である。」

「原審までに提出された資料に照らしても，本件仲裁判断がされるまでにCが本件事実を認識していたか否かは明らかではない。……本件仲裁判断がされるまでにCが合理的な範囲の調査を行うことによって本件事実が通常判明し得たか否かも明らかではない。上記の各点について確定することなく，Cが本件事実を開示すべき義務に違反したものとした原審の---判断には，裁判に影響を及ぼすことが明らかな法令の違反がある。」

【評 釈】

決定の理由には賛成である。

【本決定の位置づけ】

本件は，法18条4項の開示義務に関して，将来的に利益相反関係が生ずる可能性があることを抽象的に述べたことにより，その後個別に生じた利益相反関係について，「既に開示した」といえるか，ということと，同項の開示義務違反の成立要件について，仲裁人が利益相反関係にある事実を認識しない場合に免責できるかどうか，ということについて，規範を示した初めてのものである。

【仲裁人の利益相反に関するルール】

仲裁手続も紛争解決制度である以上，その手続や判断の不偏性は必須であり，これを担

保するための方策として，仲裁人に不偏性（impartiality）と独立性（independence）を求めることとなる。国際連合国際商取引法委員会（UNCITRAL）が策定した国際商事仲裁モデル法（モデル法）を採用する国（日本も含まれる。）における仲裁法や，多くの仲裁機関の定める仲裁規則は，仲裁人に求められる資質として，impartialityとともにimpartialityを担保するための要素としてのindependenceを要求し，これらを欠く場合には，当事者の申立てにより手続から排除するための手続（忌避）を用意している。（モデル法11条5項・12条2項，仲裁法17条6項2号・18条1項，JCAA規則24条1項・31条1項）

忌避すべきかどうか検討するために，多くの仲裁手続の規定では，仲裁人候補者に対して，impartiality・independenceに合理的な疑義（justifiable doubts）を生じさせる事由が存在する場合には，予めその様な事由の開示を求め，仲裁人として選任され仲裁手続が進行している場合においても，仲裁人のimpartiality・independenceにjustifiable doubtsを生じさせる事由が生じた場合には，直ちにその事由を開示した上で，当事者の判断を仰ぐよう求めている。（モデル法12条1項，仲裁法18条3項・4項，JCAA規則24条2項・4項）

忌避事由と開示対象には表1の通りその範囲に若干の違いがあり，忌避事実よりもより広い範囲の事実の開示が求められている。

【IBAガイドライン】

具体的にどの様な事実が存在する場合に，仲裁人の公正性又は独立性に疑いを生じさせるおそれのあることとなるかについては，モデル法，仲裁法及びJCAA規則には特に規定されていないので，解釈の問題となる。わが国においては判例の蓄積もないが，国際仲裁においては，国際法曹協会（IBA）が作成した，IBA Guidelines on Conflict of Interest in International Arbitration（IBAガイドライン）が活用されている。

このIBAガイドラインは，国際仲裁という，多様な文化圏の当事者や仲裁人が関与する手続きにおいて，impartiality or independenceにjustifiable doubtsをもたらす事実に対する認識が各国・地域や各法域（英米法系，大陸法系など）により異なるというような不都合に対応するために，作成され公開されている。IBAガイドラインは，国際仲裁の運用現場においては，仲裁人（候補者）にとっては，仲裁事件の打診に際して検討すべき要素又は開示すべき事実の指針として，また当事者に

表1

	忌避事由	開示対象
モデル法	if circumstances eXist that give rise to justifiable doubts as to his impartiality or independence,	Any circumstances likely to give rise to justifiable doubts as to his impartiality or independence
仲裁法	仲裁人の公正性又は独立性を疑うに足りる相当な理由があるとき	自己の公正性又は独立性に疑いを生じさせるおそれのある事実
JCAA規則	仲裁人の公正性または独立性を疑うに足りる相当な理由があるとき	自己の公正性または独立性に疑いを生じさせるおそれのある事実

仲裁人に関する利益相反事由の開示義務違反と仲裁判断の取消し

とっては仲裁人の impartiality or independence を評価すべき事実の指針として，さらに仲裁機関や裁判所にとっては忌避手続における考慮要素として，いわゆるソフトローとして，広く受け入れられてきている。

IBA ガイドラインは，PartI で Impartiality, Independence and Disclosure についての一般的規範（規範 1～7）について規定し，PartII でその具体的な適用指針を規定している。

PartII では，実務的な適用指針として，定型的な開示事由を利益相反性の程度に応じて，次の 4 つのリストに分けて示している。

(1) 放棄不可（Non-Waivable）赤色リスト：「いかなる者も自らの裁判者にはなれない」という原則が当てはまるような深刻な類型。従って，忌避権を放棄する余地がない。

(2) 放棄可能（Waivable）赤色リスト：次に重い類型であるが，当該利益相反状況を認識した上で当事者が明示的に当該者が仲裁人に就任することに合意する場合には仲裁人に就任することが許容される，すなわち忌避権放棄可能な類型である。

(3) オレンジ色リスト：impartiality and independence に疑いを抱かせる類型で，開示義務の対象となる。開示後，適時に異議がなされない限り，忌避検討の対象にはならない。

(4) 緑色リスト：客観的に見て利益相反が存在しない類型。したがって開示義務もない。

【本件に関係すると思われる IBA ガイドラインの条項】

① PartI(2)利益相反・解説(b)

「……広く採用されている UNCITRAL モデル法第 12 条に由来する「不偏または独立」という用語を使用し，また，客観的に適用されるべきものとして，UNCITRAL モデル法第 12 条(2)に規定された仲裁人の不偏または独立についての正当な疑いを基準とする外観テスト（合理的な第三者のテスト）を用いる。……」と規定し，モデル法を念頭に指針を作成している。わが国仲裁法はモデル法に大きく依拠して作成されたものであるため，IBA ガイドラインはわが国の仲裁法の解釈における指針として十分受け入れることができる。

② PartI(3)仲裁人による開示(b)

「将来発生するであろう事実又は事情から発生する可能性のある利益相反に関する事前通告又は事前放棄によっては仲裁人の開示義務は免除されない。」本件表明書があるからといって仲裁人の開示義務が免除されない事を明定。

③ PartI(3)仲裁人による開示・解説(b)

「……（事前通告及び事前放棄によって開示義務は免除されないとしたあと）しかし，ガイドラインは，事前通告及び事前放棄の有効性や効力について否定するものではない。なぜならば，事前通告及び事前放棄の有効性や効力は，個別に当該文言及び事情ならびに適用法により判定されるべきであるからである。」本件表明書があるからといって仲裁人の開示義務は免除されないとしても本件表明書の有効性や効力は別である事を述べている。

④ PartI(6)関係・解説(a)

「法律事務所の規模の拡大傾向は，今日における国際仲裁の実態の一部として，考慮に入れられるべきである。自ら選択した仲裁人を利用する当事者の利益と国際仲裁の不偏および独立に対する信頼維持の重要性との間に均衡を保つ必要性がある。……仲裁人は，原

則として，自己の法律事務所と同視されなければならないが，それにもかかわらず，仲裁人の事務所による活動が自動的に利益相反を構成するものとすべきではない。かかる活動の関連性，例えば当該法律事務所による作業の性質，時期および範囲が，個別事件毎に，合理的に考慮されるべきである。……」利益相反については，仲裁人と自己の法律事務所を同視して判断することとなるが，法律事務所の巨大化に伴い，必ずしも完全に同視することが適切でない場合があることをほのめかしている。

⑤　PartI（7）仲裁人及び当事者の責務(d)

「仲裁人は，合理的な照会を行って，潜在的な利益相反および自らの不偏または独立を問題視させ得る事実または事情を調査する責務を負う。潜在的な利益相反事由の不開示は，仲裁人が合理的な照会を行わなかった場合には，認識の欠如によって免責されない。」仲裁人の開示のための合理的な調査義務を明定

⑥　PartII 4

「……開示が自動的に仲裁人の欠格をもたらすべきではないことは，強調されるべきである。欠格についてのいかなる推定も開示から生ずるべきではない。開示の目的は，客観的に，すなわち，関連事実に関する知識を持っている合理的な第三者の観点から，仲裁人の不偏または独立についての正当な疑いがあるか否かを決定するために，当事者が更なる調査を希望する可能性のある事情を，当事者に知らせることである。正当な疑いはないという結論になれば，その仲裁人は活動することができる。当事者から適時に異議が申し立てられない場合や，放棄可能なレッド・リストに列挙されている事情において，一般基準4(c)に従った当事者による明確な承認がある場合にも，仲裁人は活動することができる。……」開示義務の範囲と忌避事由の範囲が異なること，開示目的について明定。

⑦　PartII 5

「……仲裁人が当該事実や事情を開示しなかったという事実を根拠とする後日の忌避申立は，非選定，後日の欠格または仲裁判断に対する異議の認容を自動的にもたらすべきではない。……非開示によって仲裁人を偏ったもしくは独立の欠けたものとすることはできず，仲裁人が開示しなかった事実または事情のみがそれができる。」開示義務違反が即忌避申立，仲裁判断取消等の認容になるものではなく個別事情を考慮する事を明定。

⑧　PartII 2 放棄可能赤色リスト 2.3 仲裁人と当事者又は代理人との関係 2.3.6

「仲裁人の法律事務所が，現在，一方の当事者またはその関係会社との間で，重大な商業上の関係を有する。」本件においてDとEの間に重大な商業上の関係を有しておればこれに該当する。

⑨　PartII 3 オレンジ色リスト 3.1 過去における一方の当事者への役務提供又は事件とのその他の関わり 3.1.4

「仲裁人の法律事務所が，過去3年以内に，無関係な事件につき，当該仲裁人が関与することなく，一方の当事者またはその関係会社のために活動した。」遅くとも平成25年2月20日以降は該当する。

⑩　PartII 3 オレンジ色リスト 3.2 一方の当事者への現在の役務提供 3.2.1

「仲裁人の法律事務所が，現在，重大な商業上の関係をつくることなく，かつ当該仲裁人が関与することなく，一方の当事者または

その関係会社に役務を提供している。」遅くとも平成25年2月20日以降は該当する。

【IBAガイドラインの本件へのあてはめ】
　DとEとの間に重大な商業上の関係を有しているという事実は認定されていないので，本件事実が放棄可能赤色リストに該当するかどうかは不明であるが，【本件に関係すると思われるIBAガイドラインの条項】⑨及び⑩により少なくともオレンジ色リストの対象に形式的には該当するので，開示義務の対象となる。また，同②により，事前通告である本件表明書があるからといって，開示義務が免除されることにはならない。しかし，同③により本件表明書の有効性や効力は個別に検討されるべきこととなる。本件では，仲裁人に開示すべき事実の認識に欠如があった可能性があるが，同⑤によりその認識の欠如が，仲裁人が合理的な照会を行わなかったことよりもたらされる場合には，免責されない，すなわち開示義務違反となる。反対に，仲裁人に認識の欠如があっても仲裁人が合理的な照会・調査を行っておれば免責される，すなわち開示義務違反にはならないということである。また同⑦により，開示義務違反が即忌避申立や仲裁判断取消を認めるものではなく，仲裁人のimpartiality and independenceという実質的な検討が個別に必要である事を示唆している。この実質的な検討に当たっては，同④にあるように，特にグローバルに展開する巨大法律事務所における利益相反に関してはより慎重な検討が求められる。
　以上の通り，IBAガイドラインを本件に当てはめた場合，仲裁人が「自己の公正性又は独立性に疑いを生じさせるおそれのある」事

実があることを抽象的に述べたことは同項の「既に開示した」ことに当たるかについては，最高裁の決定と同様に，開示したことにはならない，という結論となる。また，開示義務違反に該当するかについては，本件事実は開示対象となるが，開示しなかったことについて，開示義務違反となるためには，本件事実を仲裁人が認識していたか否か，認識していなかった場合には合理的な照会・調査を行ったか否かを明らかにしないと判定できないという点では，やはり最高裁の決定と符合する。このように，最高裁の本決定はIBAガイドラインに結果的に遵ったものとなっている。

【開示義務違反について】
1．本件事実が法18条4項に定める「自己の公正性又は独立性に疑いを生じさせるおそれのある事実」に該当するかどうかについて
　忌避することができる「公正性又は独立性を疑うに足りる相当の理由があるとき」の一つとして，「仲裁人が事件又は当事者と一定の関係があるため公正な仲裁判断が期待できない」場合があるとされており[1]，その具体例として，仲裁人が当事者の顧問弁護士と同じ法律事務所に所属し，協力関係が確立されている場合があげられている[2]。また，IBAガイドラインにおいて，仲裁人が開示すべき情報の対象として，【本件に関係すると思われるIBAガイドラインの条項】⑧，⑨及び⑩の通り，仲裁人が所属する法律事務所が仲裁事件の当事者又はその関係会社と何らかの関係がある場合のその旨が明記されている。そもそも，法18条4項は，当事者に対して仲裁人の忌避を申し立てるかどうかの判断材

料を提供し，当事者が忌避の申立てを的確に行うことができるようにして，仲裁人忌避制度の実効性を担保するために，18条1項2号所定の忌避事由よりも広く事実を開示させることとされている[3]ことも考慮すれば，本件事実は法18条4項の開示対象となると考えられる。この点に関しては，第一審，抗告審及び最高裁の各決定の間には齟齬はないと思われる。

2．仲裁人が「自己の公正性又は独立性に疑いを生じさせるおそれのある」事実があることを抽象的に述べたことは法18条4項の「既に開示した」ことに当たるかについて

法18条4項の開示すべき事実が「既に開示したもの」に該当すれば，開示義務を改めて負わないものとされている。これに関連して，本件では，Cとそれ以外のDに所属する弁護士との間に将来的に利益相反関係が生じる可能性がある事を抽象的に述べていたことが，本件事実を「既に開示した」といえるかが争われた。【本件に関係すると思われるIBAガイドラインの条項】②の通り，IBAガイドラインは2014年改正により，そのような仲裁人による事前表明は仲裁人の開示義務を免除しないと明記した。最高裁決定では，「仲裁人が当事者に対して法18条4項の事実が生ずる可能性があることを抽象的に述べたというだけで上記の「既に開示した」ものとして扱われるとすれば，当事者が具体的な事実に基づいて忌避の申立てを的確に行うことができなくなり，仲裁人の忌避の制度の実効性を担保しようとした同項の趣旨が没却されかねず，相当ではない。したがって，仲裁人が当事者に対して法18条4項の事実が生ずる可能性があることを抽象的に述べたことは，同項にいう「既に開示した」ことには当たらないと解するのが相当である。」と判旨したが，妥当な判断であろう。

なお，本件の第一審では，①Xらは本件表明書に対して何ら異議を述べなかったこと。②Cが仲裁人に選任された後，Dに所属する他の弁護士が本件仲裁事件に関係しない案件においてY1の関連会社の訴訟代理人を務めることは，Xらにおいてもあらかじめ想定できたにもかかわらず，Xらは，このことを格別問題視していなかったこと。が事実として認定されている。これに関連して，そもそも法18条3項4項に定める開示義務を当事者間の合意の下に事前に免除することができるかどうかについては今後に残された問題である。

3．仲裁人は法18条4項の事実を開示するためにその事実の有無につき調査義務を負うか。

学説においては，法18条4項の趣旨に照らし，合理的な範囲での調査義務を負うとする[4]。【本件に関係すると思われるIBAガイドラインの条項】⑤の通り，IBAガイドラインでは，仲裁人の開示のための合理的な調査義務を明定し，当該調査義務を履行した場合には免責されることができるような記載となっている。最高裁決定で「仲裁人は，当事者に対し，法18条4項の事実の有無に関する合理的な範囲の調査により通常判明し得るものをも開示すべき義務を負うというべきである。」「仲裁人が，当事者に対して法18条4項の事実を開示しなかったことについて，同項所定の開示すべき義務に違反したというためには，仲

仲裁人に関する利益相反事由の開示義務違反と仲裁判断の取消し

裁手続が終了するまでの間に，仲裁人が当該事実を認識していたか，仲裁人が合理的な範囲の調査を行うことによって当該事実が通常判明し得たことが必要であると解するのが相当である。」と判旨しているが，妥当な判断でと思われる。但し，何が「合理的な範囲の調査により通常判明し得るもの」かという判断は非常に困難である。Dは弁護士数約1,000人，グローバルに20ほどの拠点を持ち世界的に活動を展開している巨大法律事務所である。このような事務所が日々の受件，弁護士の採用，顧客企業の再編など膨大な数の変動に応じて，どのようなコンフリクトチェックを行うことが，「合理的」なのか，またそれによりどのような情報が「通常」判明するのか，という線引きをすることは非常に困難である。さらに，仲裁判断取消申立事件においては，申立人が取消対象となる事由の存在を証明しなければならず（法44条6項括弧書き），申立人が「合理的な範囲の調査により通常判明し得」たという証明をすることは極めて困難ではなかろうか。最高裁の本決定は，高裁に差し戻しているが，事実上仲裁判断を維持する結果になることと思われる。

4．仲裁人は上記の調査義務を履行した場合には免責されるか。

本決定によれば，法18条4項の開示義務の対象となるのは，仲裁人が認識していた事実に加え，仲裁人が合理的な範囲の調査により通常判明しえるものとなり，客観的に存在する事実であっても合理的な範囲の調査によっても判明できない事実を開示しなかった場合には，法18条4項違反とならない，すなわち免責されるということであるが，妥当であろう。仲裁人に対して就任後も継続して法18条4項の対象となりえる客観的に存在する事実の有無の調査を完全に行わせるのは仲裁人に酷を強いることとなる一方，法18条4項の開示対象を，仲裁人が認識するものに限定すると，仲裁人の忌避制度の実効性を担保する目的の18条4項の趣旨を損なうこととなる中で，バランスの取れた妥当な判断と思われる。ただ何が「合理的」かの判定においては，仲裁人の負担を充分に考慮する必要があろう。すなわち仲裁手続の進行中に継続して四六時中調査義務を負わせるのは現実的ではなく仲裁人には過酷なものである。

【開示義務違反による仲裁判断取消について】

学説では，「仲裁人が開示すべき事実の存在を知っていたにもかかわらず，それを開示しないまま仲裁手続を進め，仲裁判断をしたことは，手続の公正さを疑わせるだけでなく，ひいては仲裁制度そのものへの信頼を損なうことにもなるから，仲裁人の非開示によって仲裁判断は取り消されるべきである。」という見解[5]がある一方，「仲裁人の開示義務違反の事実そのもの，または，開示すべきであったのに開示されなかった事実が，仲裁手続の全般にわたって，または，仲裁判断の公正性に対して，当該仲裁人の関与がどのような影響を与えたのか，より実質的な判断がもとめられるというべきであり，仲裁判断の取消しという事後的局面に当たっては，忌避の裁判における判断基準と必ずしも同じである必要はなく，より重大で明白な事由があるときに限るなど厳格な審査基準によるのでよい」とする見解[6]もある。また法44条1項6号の

仲裁手続違反について，有力な学説は，仲裁法44条1項各号に列挙された取消事由に匹敵するほどの重大な手続違反であると認められるときに取消対象となり，かつその違反がなければ，異なる内容の仲裁判断がなされたであろうことが原則として必要であるとしている[7]，仲裁判断の取消しという決定が，当事者や仲裁人が費やした時間，費用，労力がすべて無駄になるということなどを考慮すると，仲裁判断取消しという最終局面でのハードルは高くしてしかるべきと思われる。高裁決定は，そもそもCが本件事実を認識していたかどうか，またCが合理的な範囲内の調査を行ったかどうか，Cが合理的な範囲内の調査を行ったとすれば本件事実は通常判明できたものかどうか，また仲裁判断に影響を与えたのかなどについて審議もせずに，形式的な18条4項の開示義務違反をもとに，仲裁判断の取消しを決定したが，いかがなものか？【本件に関係すると思われるIBAガイドラインの条項】⑦の通り，IBAガイドラインにおいても，仲裁人の開示義務違反があっても，自動的に忌避や仲裁判断取消しつなげるべきではなく，実質的な判断を行うべきことに言及している。

また，裁量棄却について，学説は「取消事由が存在すると認められる場合でも，それが重大でなく，仲裁判断の結論を左右するものでないときには，仲裁判断の取消による利害得失を考慮して，その仲裁判断の効力を維持する方向でのみ，裁判所が裁量による判断をしてよい，いわゆる裁量棄却を認める[8]。」としている。仲裁判断の終局性を重視すべきであり，仲裁判断に影響を及ぼさないような場合は，原則裁量棄却を認めてもよいと思われる。極端なケースでは，仲裁人が認識していながら開示しなかった場合でも，また忌避対象となる事由があった場合においても，仲裁判断に影響がないと認められる場合には，裁量棄却を認めてもよいのではないか。たとえば，3人の仲裁人からなる仲裁廷が全員一致で仲裁判断をしており，特に忌避の可能性のある仲裁人の影響等が見られないような場合には，仲裁判断に影響を及ぼしたとは通常は考えられないので，仲裁判断の取消しを認めるべきでないと思われる。これに関して，たとえ仲裁判断の結果に影響を及ぼしたと判断できない場合においても，仲裁人が故意に開示せず，かつ当該事実が忌避事由に当たる場合には，仲裁判断を取り消すべきであるという見解[9]もある。

本決定は，そもそも開示義務違反に該当するかの判断に必要となる事実認定の欠如を指摘して高裁に差し戻しているので，開示義務違反による仲裁判断取消しについては何ら審議されていない。

第一審は，開示義務違反があったとしても不開示事実は忌避事由にあたらず，同事実の存在が仲裁判断の結論に影響を及ぼしたとも認められないとしたうえ，瑕疵が軽微であるとして，仲裁判断取消事由に該当するとしても，取り消すことは相当ではないとして，裁量棄却した。これに対して，控訴審は，不開示事実は忌避事由に該当する可能性がないとはいえず，重大な手続上の瑕疵であり，仲裁判断の結論に影響を及ぼさないとしても裁量棄却しないとした。控訴審においては，開示義務違反が法44条1項各号に列挙された取消事由に匹敵するほどの重大な手続違反かどうか，不開示事実が忌避事由に該当するか，

仲裁人に関する利益相反事由の開示義務違反と仲裁判断の取消し

開示義務違反がなければ仲裁判断が異なっていたか，といった実質的な検討を行うことなく，開示義務違反が重大な手続上の瑕疵であるとし，たとえ仲裁判断の結論に直接影響を及ぼすことがないとしても，取消事由に該当し，裁量棄却はしないとしたが，あまりにも短絡的であり，有力な学説やIBAガイドラインとも見解を異にするものであり，大いに疑問を感じる。

【総　括】

そもそも迅速かつ柔軟な紛争解決を図るために，特に国際商取引において標準的な解決手段として浸透している仲裁においては，仲裁判断は極力尊重すべきで，裁判所による介入は謙抑的に行われるべきである。仲裁判断取消制度は，「これはひどい」というものを取消事由で拾うことで，仲裁制度の信頼性を保つためのものであり，取消事由を緩やかに解すると上訴を許すこととなり，仲裁制度の本来の趣旨を害することになる[10]。従って，裁判所は仲裁判断取消しについては慎重に判断すべきであろう。紛争解決に対する司法の介入という観点からみると，本件は，仲裁事件が始まってから既に7年経過しており，まだ結論が出ない状況である。本来迅速な解決を図るために当事者は仲裁による解決を求めたにもかかわらず，司法の介入により最高裁まで行き，当初の期待を裏切る結果になっている。仲裁で負けた申立人の戦術的な意図等を考慮しつつ，仲裁判断に対する影響等を実質的に評価して，法44条第6項による裁量棄却を裁判所はもっと積極的に行うべきであろう。最高裁も高裁への差戻しではなく，破棄自判してもよかった事件ではないか。

注　釈

1　近藤昌昭＝後藤健ほか『仲裁法コンメンタール』（商事法務，2003）76頁
2　小島武司＝猪俣孝史『仲裁法』（日本評論社，2014）211頁〜212頁
3　近藤＝後藤ほか・前掲注(1)79頁〜80頁
4　三木浩一＝山本和彦編『新仲裁法の理論と実務（ジュリスト増刊）』（有斐閣，2006）164頁
5　小島武司＝高桑昭編『注釈と論点 仲裁法』（青林書院，2007）112頁〜113頁
6　小島＝猪俣・前掲注(2)222頁
7　小島＝猪股・前掲注(2)510頁
8　小島＝猪俣・前掲注(2)532頁
9　中村竜也 国際商事法務44巻11号 2016年 1628頁〜1629頁
10　三木＝山本・前掲注(4)347頁参照

日本仲裁人協会の歩み

日本仲裁人協会の歩み

日本仲裁人協会の歩み　　　　　　　　　　　　　　　　　※肩書・役職は当時のもの

2003年
- 10月16日：　設立総会・記念シンポジウム「新仲裁法の制定と今後の仲裁実務」
　　　　　　　講師：青山善充会員（理事・成蹊大学教授）
- 11月20日：　研究部会研究講座「最終提案仲裁及び最終提案調停(1)」
　　　　　　　講師：廣田尚久会員（常務理事・大東文化大学教授）
- 11月29～30日：第2回インターカレッジ・ネゴシエーション・コンペティション後援
　　　　　　　澤田理事長・花水常務理事・グロンディン理事が審査員を担当
- 12月10日：　研究部会研究講座「仲裁人の倫理」
　　　　　　　講師：澤田壽夫会員（理事長）

2004年
- 1月6日・9日：野沢法務大臣と澤田が面談。但木法務事務次官を澤田・川村・花水・及川が訪問。協会設立経緯を説明。法人化・能力担保等研修機関指定等につき協力を要請。
- 1月21日：　研究部会研究講座「最終提案仲裁及び最終提案調停(2)」
　　　　　　　講師：廣田尚久会員（常務理事・大東文化大学教授）
- 1月30日：　広報・国際部会ADR Japan編集会議「JAA情報のADR Japanサイト掲載について」
- 2月24日：　企画部会公開講演会「どのような仲裁人・調停人教育を行ったらよいか」
　　　　　　　講師：ダニエル・ワインスタイン氏（元判事）
- 3月25日：　研究部会研究講座「最終提案仲裁及び最終提案調停(3)」
　　　　　　　廣田尚久会員（常務理事・大東文化大学教授）・佐藤彰一氏・中村芳彦氏
- 4月15日～18日：（後援）英国仲裁人協会（CIArb.）主催「仲裁人入門コース」，「特別会員上級コース」
- 4月22日：　（後援）日本商事仲裁協会主催シンポジウム：「新仲裁法とADR新時代」：廣田尚久常務理事・中村達也会員・小林正浩会員が講師となる。
- 5月1日：　日本仲裁人協会会報第1号発行
- 5月12日：　講演会「商事紛争における国際仲裁－全ての日本企業が知らなければならないこと」
　　　　　　　講師：ユージーン・D・ガランド（E.D.Gulland）氏
- 5月12日：　仲裁分科会・ADR分科会合同講座「新仲裁法と仲裁機関について(1)――弁護士会仲裁センター」
　　　　　　　報告者：園高明会員（弁護士）・渡部晃会員（弁護士）・出井直樹理事（弁護士・基調報告）
- 5月27日：　業務・責任分担一覧発効
- 5月28日：　第1回通常総会
　　　　　　　記念講演「仲裁の活用，WTOの問題」
　　　　　　　講師：谷口安平会員（顧問・WTO上級委員）
　　　　　　　記念講演「UNCITRALの動向」
　　　　　　　講師：三木浩一（理事・慶応義塾大学教授）

6月14日：	大韓仲裁人協会（KAA）洪裕碩理事来訪：JAA/KAA交流行事協議
7月1日：	「国際仲裁において適用される準拠法の具体的な内容」
	講師：ウィトモア・グレイ（Whitmore Gray）（ミシガン大学名誉教授）
7月7日：	仲裁分科会・ADR分科会合同講座
	「新仲裁法と仲裁機関について(2) — 仲裁機関」
	報告者：松元俊夫（常務理事・日本海運集会所）・中村達也会員（JCAA），廣田尚久常務理事（建築紛争審査会）
7月13日：	第5回常務理事会で会員提案企画実施に関するお願い採択
8月17日：	協会公式ウェブサイト試験運用開始
9月　　：	西川理事の斡旋による，日本経済団体連合会の経済Trend9月号掲載のインタビューで，澤田理事長が，民間主導の仲裁・調停を育成する重要性を説き，協会の活動を紹介，企業の協力を期待した
9月14日：	澤田理事長が経営法友会例会で「国際商事仲裁の現状と展望」と題して講演，協会の設立意義を説明，企業人の協力を要請
9月14日：	研究部会仲裁分科会「海外会議報告」（各海外会議での議論の報告意見交換）
	「International Congress of Maritime Arbitrations」
	報告者：松元俊夫会員（常務理事）
	「International Council for Commercial Arbitration」
	大貫雅晴会員（理事・JCAA理事）
	「International Law Association」
	高桑昭会員（常務理事）
10月21日：	第1回仲裁人研修講座（全10回）開講
	講師：井原一雄会員（弁護士），柏木昇会員（中央大学教授），小杉丈夫会員（弁護士），澤田壽夫会員（理事長），田中豊会員（弁護士），手塚裕之会員（弁護士），中村達也会員（国士舘大学助教授），花水征一会員（弁護士），松元俊夫（日本海運集会所専務理事）
10月27日：	研究部会ADR分科会
	「裁判所とは独立したADRの意義と個別具体的問題点」
	報告者：鈴木仁志会員
	「日本知的財産仲裁センターについて」
	報告者：大澤恒夫会員
11月19日：	研究部会仲裁分科会
	「UNCITRAL」
	報告者三木浩一会員（理事）
	「UNCITRAL Model法のアジア太平洋各国における受容状況」
	手塚裕之会員（弁護士）

日本仲裁人協会の歩み

12月1日： 澤田理事長。日本商事仲裁協会がニューヨークで開催したセミナーにおいて，2004 Japanese Arbitration Law-its links with the UNCRITRAL Model Law and ADR Lawと題して報告

2005年

1月14日： 第1回仲裁人研修講座
1月・2月： 調停人養成基礎講座（大阪1月26日～28日，東京：2月7日～9日）
1月27日： 研究・研修部会合同講座「労働審判制度」
　　　　　　報告者：山川隆一氏（慶応義塾大学教授），藤田耕三会員（理事），中山慈夫氏（弁護士）
　　　　　　　　　　宮里邦雄氏（弁護士）
2月14日： 研究部会仲裁分科会：
　　　　　　「中国における国際仲裁」
　　　　　　報告者：デイビット・A・リブダール（D.A.Livdahl）氏（弁護士）
10月21日： 谷口安平理事長就任（理事会選任）
11月9日： 社団法人日本仲裁人協会設立総会・常務理事会
11月17日： 研究部会研究講座「仲裁における証拠法の問題Ⅰ～国際仲裁における秘匿特権・秘密保持～」
　　　　　　報告者：手塚裕之会員（弁護士）
11月24日： 研究部会幹事会
12月5日： 法務大臣による社団法人設立認可・社団法人日本仲裁人協会設立
12月13日： 仲裁人研修課程（全10講）開講
12月15日： 関西支部総会

2006年

1月13日： 社団法人として第1回理事会を開催。谷口安平理事長外，8名の常務理事を選任し，評議員22名，顧問の委嘱を決定。なお，仲裁人検定規則を制定。
1月23日： 研究部会仲裁分科会研究講座「仲裁における証拠法の問題Ⅱ～仲裁における証拠収集～」
　　　　　　報告者：古田啓昌会員（弁護士）
2月21日： 役員・評議員・顧問・事務局等の協会運営関係者の懇談会開催
2月23日： 研究部会幹事会
3月1日： 社団法人日本仲裁人協会設立祝賀会（記念式典・記念パーティ）式典において杉浦正建法務大臣より祝辞を賜る。
3月1日： 研究部会倫理規程W.G.
3月10日： 第2回仲裁人研修課程終了
3月17日： 研究部会仲裁分科会研究講座「仲裁における証拠法の問題Ⅲ～仲裁における鑑定および専門家承認～」
　　　　　　報告者：出井直樹会員（弁護士）・酒井ひとみ会員（弁護士）
3月29日： 研修部会
4月11日： 研究部会倫理規程W.G.

4月12日：　検定委員会
5月8日：　研修部会
5月11日：　第2回理事会，研究部会倫理規程W.G.
5月16日：　研究部会幹事会
5月31日：　2006年度通常総会：記念講演
　　　　　　講師：大川宏会員
6月8日：　検定委員会
6月12日：　民事調停研修会
7月5日：　研修部会
7月6日：　研究部会幹事会
7月13日：　研究部会研究講座「日本のドメイン紛争処理の検討」
　　　　　　報告者：早川吉尚会員（弁護士）
7月20日：　研究部会倫理規程W.G.
7月24日：　研究部会幹事会
7月25日：　検定委員会
7月27日：　第1回仲裁人検定試験（2日目は8/3に実施）
9月14日：　研究部会研究講座「取り消された仲裁判断の承認執行」
　　　　　　報告者：小川和茂氏
9月19日：　研修部会
10月3日：　第2回検定試験
　　　　　　関西支部第2回国際商事仲裁セミナー「国際契約における仲裁条項」
10月16日：　研究部会研究講座「ISO（国際標準化機構）におけるADR国際規格案」
　　　　　　報告者：山田文氏
11月22日：　研究部会幹事会
11月28日：　仲裁人倫理規程の検討Ⅱ
12月7日：　調停人養成講座・初級編開講（全5講）
12月8日：　関西支部総会・第3回国際商事仲裁セミナー「国際商事仲裁の最新事情」

2007年

1月12日：　研修部会
1月29日：　研究部会研究講座「仲裁判断の既判力」
　　　　　　報告者：古田啓昌会員（弁護士）
2月1日：　研修部会
2月20日：　研究部会研究講座「国際建設仲裁について」（大本俊彦会員）
2月28日：　関西支部第4回国際商事仲裁セミナー「仲裁人をめぐる諸問題」
3月7日：　2007年度通常総会・仲裁の日記念パネルディスカッション
3月16日：　研究部会研究講座「UNCITRAL国際商事仲裁モデル法の2006年改正とUNCITRAL仲裁規則改正作業の動向」

日本仲裁人協会の歩み

　　　　　　　　　報告者：三木浩一会員
3月19日： 研究部会幹事会
3月26日： 研修部会
4月3日： 仲裁人実務研修講座開講（全10講）
5月　　： 仲裁・ADRフォーラム（vol.1）発行
5月11日： 研究部会研究講座「ADR法の現在の状況及び認証制度の運用について」
　　　　　　　　　報告者：内堀宏達会員
6月20日： 研究部会研究講座「スポーツ仲裁制度の概略及びスポーツ仲裁判断の検討」
　　　　　　　　　報告者：小川和茂会員
7月4日： 2007年度仲裁人実務研修講座（関西支部）開講（全10講）
7月13日： 研究部会研究講座「医療ADRの現状と課題」
　　　　　　　　　報告者：和田仁孝会員
7月31日： 研究部会研究講座「投資協定の現状について」
　　　　　　　　　報告者：鈴木潤一郎氏
9月25日： 研究部会研究講座「英国仲裁人協会（CIArb）における仲裁人研修制度及びその内容について」
　　　　　　　　　報告者：高取芳宏会員（弁護士）・ヘイグ オヒガン会員・Ian de Stains会員
9月27日： 2007年度臨時総会・理事会
10月5日： 2007年度調停人養成講座・中級編開講（全6講）
10月9日： 研究部会研究講座「わが国の仲裁事件における裁判所による証拠調べ」
　　　　　　　　　報告者：内藤純也会員
11月19日： 研究部会研究講座「2007年IBAシンガポール大会報告」
　　　　　　　　　手塚裕之会員（弁護士）・日下部真治会員（弁護士）
12月5日： 研究部会研究講座「調停トレーニングの企画と編成」
　　　　　　　　　報告者：入江秀晃会員

2008年

1月22日： 研究部会研究講座「労働審判法」
　　　　　　　　　報告者：佐村浩之氏
2月28日： 研究部会研究講座「仲裁費用について」
　　　　　　　　　報告者：中村達也会員
3月10日： 2008年度通常総会・仲裁の日記念行事「仲裁の現状と将来」
　　　　　　　　　講師：三木浩一会員
3月12日： 法務省立入検査
3月17日： （後援）「国際仲裁の実務と問題点～日本における国際仲裁の将来～」
3月24日： 研究部会研究講座「国際電子商取引における消費者紛争と"ADR"」
　　　　　　　　　報告者：沢田登志子会員
5月21日： 研究部会研究講座「2007年ICC仲裁裁判所事務局でのstagiaireについて」

	報告者：井口直樹会員
6月30日：	研究部会研究講座「ドーピング紛争仲裁について」
	報告者：宍戸一樹会員
7月10日：	2008年度仲裁人実務研修講座（関西支部）開講（全10講）
7月17日：	研修部会
7月31日：	研究部会研究講座「投資協定の現状について」
	報告書：鈴木潤一郎会員
9月16日：	調停人研修講師事前打ち合わせ
9月25日：	研究部会研究講座「ODR Forum in CANADA（The 2008International Forum on Online Dispute Resolution）のご報告」
	報告者：万代栄一郎会員
10月15日：	研究部会研究講座「金融ADR・オンブズマン制度について」
	報告者：簗瀬捨治会員・犬飼重仁会員
10月16日：	研修部会・研究部会意見交換
11月12日：	調停人養成講座・基礎編開講（全5講）
11月17日：	研究部会研究講座「JCAAとVIACのJVによる日越ビジネス紛争処理パネル設置構想」
	報告者：佐藤安信会員
11月18日：	国際商事仲裁セミナー「商事仲裁と投資仲裁の現状と将来」
	講師：ルーク・ノッテージ氏
12月8日：	研究部会研究講座「グローバル社会での仲裁の諸相と役割」
	谷口安平会員（理事長）
12月16日：	国際仲裁セミナー「インドにおける国際商事仲裁の現状」
	講師：Shishir Dholakia氏

2009年

1月20日：	研究部会研究講座「大学における仲裁・交渉教育：インターカレッジ・ネゴシエーション・コンペティションの現状と課題」
	報告者：森下哲朗氏（上智大学法科大学院教授）
3月13日：	2009年度通常総会・仲裁人の日記念講演
3月19日：	研究部会研究講座「コンピュータソフトウェアに係わるADR」
	報告者：三木茂氏（財団法人ソフトウェア情報センター理事・ソフトウェア紛争解決センター運営委員会委員長）
3月27日：	関西支部・2009年度仲裁人検定試験
4月8日：	仲裁人研修入門講座打合せ
4月24日：	関西支部・2009年度仲裁人検定試験
5月22日：	研究部会研究講座「IPBA 2009年マニラ大会Enforcement Panelに関する報告」
	報告者：手塚裕之会員（弁護士）
6月30日：	研究部会研究講座「ADR法の現状」

日本仲裁人協会の歩み

　　　　　　　　報告者：小原正敏氏（弁護士）
　　　　　　　　西村俊之氏（一般社団法人日本商事仲裁協会）
　　7月　　　：仲裁・ADRフォーラム（vol.2）発行
　　7月23日：研究部会研究講座「仲裁判断に対する司法審査の可否に関する合意及び関連諸問題について」
　　　　　　　　報告者：高取芳宏会員（弁護士）・ジョンE.ポーター氏（カリフォルニア州弁護士）・古田啓昌会員（弁護士）
　　9月29日：研究部会研究講座「業界型ADRの可能性と課題」
　　　　　　　　報告者：中村芳彦氏（法政大学大学院法務研究科教授・弁護士）
　　10月23日：研究部会研究講座「投資協定仲裁の現在」
　　　　　　　　報告者：早川吉尚会員（弁護士・立教大学教授）
　　11月20日：研究部会研究講座「国民生活センターによる消費者紛争に関するADR」
　　　　　　　　報告者：森大樹氏（消費者庁消費者安全課課長補佐）・枝窪歩夢氏（独立行政法人国民生活センター 紛争解決委員会事務局）
　　12月14日：研究部会研究講座「IBA証拠規則の改訂状況」
　　　　　　　　報告者：手塚裕之会員（弁護・IBA仲裁委員会前副委員長・IBA証拠規則改訂小委員会委員）

2010 年

　　3月1日：2010年通常総会・記念行事セミナー
　　6月29日：研究部会研究講座「ICC仲裁の現在　～仲裁規則改正作業からの考察～」
　　　　　　　　報告者：早川吉尚会員（弁護士・立教大学法学部教授）
　　7月17日～7月19日：調停人養成講座（基礎編）（東京）
　　7月21日～7月28日：仲裁手続研修講座（関東・全4講）
　　7月27日：研究部会研究講座「調停における実務上の諸問題研究・活動と研究例のご報告」報告者：入江秀晃会員（東京大学大学院情報学環特任研究員）
　　　　　　　　出井直樹会員（理事・事務局長・弁護士・大東文化大学教授）
　　　　　　　　田沼　浩会員（司法書士，駒澤大学講師）
　　9月18日～9月20日：調停人養成講座（中級編）（東京）
　　9月25日：研究部会研究講座「(1)ケースマネージメントの方法，(2)ADR手続における相手方の応諾確保について」
　　　　　　　　報告者：(1)安藤信明会員（司法書士）
　　　　　　　　　　　　(2)和田直人会員（静岡大学大学院法務研究科准教授）
　　9月22日～11月24日：仲裁人実務研修講座（関西・全10講）
　　10月21日：研究部会研究講座「仲裁人候補者名簿の効用について」
　　　　　　　　報告者：松元俊夫会員（常務理事・日本海運集会所）
　　11月　　　：仲裁・ADRフォーラム（vol.3）発行
　　11月11日～2011年1月20日：仲裁人研修講座（実践編）（東京・全6講）

11月15日： 研究部会研究講座「GLOBAL ARBITRAL INSTITUTIONS: CIArb and ICC」
報告者：HARRIET YOSHIDA LEWIS会員（外国法事務弁護士）
KIM KIT OW氏（Regional Director, ICC Arbitration and ADR, Asia, ICC International Court of Arbitration and ICC Dispute Resolution Services）

12月1日： 国際商事仲裁セミナー「中国・ベトナムとの間の国際商事仲裁・訴訟の到達点」（日本商事仲裁協会大阪事務所，大阪商工会議所，当協会関西支部共催）

2011年

1月24日： 研究部会研究講座「国際家事調停制度の構築に向けて」
報告者：鈴木五十三会員（弁護士・国際家事調停プロジェクトチーム座長）
大谷美紀子会員（弁護士・同メンバー）

2月18日： 研究部会研究講座「仲裁と証言録取手続」
報告者：土井悦生氏（弁護士）
早川吉尚会員（弁護士・立教大学法学部教授）

2月22日・24日：仲裁人検定試験（東京）

3月1日： 2011年度通常総会
仲裁の日記念行事セミナー「紛争解決学の出発点と現在の到達点」
講師：廣田尚久会員（弁護士）

3月17日： 国際商事仲裁セミナー「中国・インド関係の商取引紛争解決のための国際仲裁～アジア諸仲裁機関利用の実務的ガイダンス」（一般社団法人日本商事仲裁協会大阪事務所・HERBERT SMITH・大阪商工会議所・当協会関西支部共催）

4月26日： 研究部会研究講座「ベトナムにおける仲裁－法令と実務」
報告者：Chau Huy Quang氏（ベトナム弁護士）
研究部会研究講座「UNCITRALにおける投資協定仲裁手続の透明性基準作成作業について」
報告者：濱本正太郎氏（京都大学大学院法学研究科教授，UNCITRAL第二作業部会日本政府代表）

4月8日・13日：仲裁人検定試験（関西）

5月11日： 研究部会研究講座「仲裁法における強行規定の範囲」
報告者：小川和茂氏（立教大学・法政大学講師）

7月22日： 仲裁入門講座
講師：花水征一会員（常務理事・弁護士・WIPOドメイン紛争パネリスト）
中村達也氏（国士舘大学教授・日本商事仲裁協会仲裁部長・調停部長）
高取芳宏会員（理事・弁護士・英国仲裁人協会（CIArb.）日本支部共同支部長）

7月29日： 研究部会研究講座「いわゆる「地デジADR」（受信障害対策紛争処理事業）の実際と日弁連ADRセンターの取組」
報告者：渡部晃会員（理事・弁護士・日弁連ADRセンター委員長）

8月26日： ハーグ条約の批准と国際的面会交流　国際家事調停シンポジウム（関西支部）

日本仲裁人協会の歩み

　　　　　　報告者：鶴岡公二氏（外務省総合外交政策局長）
　　　　　　　　　　レビン小林久子会員（九州大学法学研究院教授，当協会理事）
　　　　　　　　　　渡邉惺之氏（弁護士・大阪大学名誉教授・立命館大学大学院法学研究科教授）
　　　　　　パネリスト：木内道祥氏（弁護士・大阪弁護士会国際委員会ハーグ条約問題検討プロジェクトチーム座長）
9月17日～7月19日：調停人養成講座（基礎編）（東京）
9月27日：　研究部会研究講座「倒産と仲裁」
　　　　　　報告者：手塚裕之会員（理事・弁護士）
10月8日～10日：調停人養成講座（中級編）（東京）
10月27日：　研究部会研究講座「ADR法見直しに向けた課題～日本ADR協会によるアンケート結果を中心に」
　　　　　　報告者：垣内秀介氏（東京大学准教授，日本ADR協会ADR調査企画委員会委員）
11月4日・7日・11日・18日：仲裁手続研修講座（東京）
11月5日：　関西支部セミナー「仲裁条項及び仲裁手続の開始における諸問題」
　　　　　　講師：Dominic Roughton氏（外国法事務弁護士）・Elaine Wong氏（外国法事務弁護士）・大貫雅晴会員（常務理事・日本商事仲裁協会理事・大阪事務所長）・岡田春夫会員（常務理事・弁護士）
　　　　　　コーディネーター：小林和弘会員（関西支部事務局長・弁護士）
11月9日：　研究部会研究講座「カナダにおけるADRの現状及びその実務」
　　　　　　報告者：小川和茂氏（法政大学・立教大学非常勤講師）
12月8日：　セミナー「ハーグ条約の批准と中央当局の日本の法律家・ADR団体への期待」
　　　　　　スピーカー：川村明会員（常務理事・当協会ハーグ条約PT共同座長・IBA会長）
　　　　　　　　　　　　鶴岡公二氏（外務省総合外交政策局長）
　　　　　　　　　　　　辻坂高子氏（外務省子の親権問題担当室長）
　　　　　　　　　　　　レビン小林久子会員（理事・九州大学法学研究院教授）
12月15日：　関西支部総会
　　　　　　関西支部セミナー「国際仲裁，ADR等の多様な紛争解決手段の有効な活用方法」
　　　　　　パネリスト：大本俊彦会員（京都大学客員教授）
　　　　　　　　　　　　Mr.Peter E.PHILLIPS（Director, Japan Systech International）
　　　　　　　　　　　　池本茂氏（大成建設株式会社法務部長）
　　　　　　　　　　　　大貫雅晴会員（常務理事・JCAA理事）

2012年

1月10日：　事務局会議
1月20日：　研究部会研究講座「新ICC仲裁規則」
　　　　　　報告者：早川吉尚会員（理事・立教大学法学部教授）
2月2日：　関西支部セミナー「米国調停の経験」
　　　　　　スピーカー：井垣太介氏（弁護士・ニューヨーク弁護士）

3月1日： 2012年度通常総会・仲裁の日記念行事セミナー
「ADRの挑戦〜震災時のADRを中心として〜」
講師：出井直樹会員（理事・原子力損害賠償紛争解決センター和解仲介室次長・弁護士）
　　　渡部晃会員（常務理事・日弁連ADRセンター委員長・弁護士）
3月7日： 研究部会研究講座「仲裁における証拠収集―JAMSにおけるデポジション事例の紹介等」
報告者：高取芳宏会員（理事・弁護士・英国仲裁人協会（CIArb.）日本支部共同支部長）
4月9日： 研究部会研究講座「IBA仲裁条項ドラフティング・ガイドライン日本語訳プロジェクトの報告とビジネス・実務での活用方法」
報告者：井口直樹会員（弁護士）
コメンテーター：茅野みつる氏（伊藤忠商事・カリフォルニア州弁護士）
5月9日： 研究部会研究講座「消費者庁越境消費者センター（CCJ）への相談に見る消費者取引のクロスボーダー化」
報告者：沢田登志子会員（一般社団法人ECネットワーク理事）
5月29日： 模擬国際仲裁セミナー
出演者：Cedric C. Chao氏（弁護士）
　　　　手塚裕之会員（理事・弁護士）
　　　　Kevin Kim氏（弁護士）
　　　　内藤順也氏（弁護士）
　　　　井口直樹会員（弁護士）
　　　　A. Max Olson氏（弁護士）
　　　　Laurence W. Bates氏（General Counsel-Japan, GE）
　　　　三村まり子氏（弁護士・ノバルティスホールディングジャパン（株））
　　　　Doug Jones氏（弁護士）
　　　　Sally Harpole氏（弁護士）
　　　　高取芳宏会員（理事・弁護士）
　　　　河端雄太郎会員（弁護士）
　　　　Trevor Hill氏（弁護士）
6月19日： 研究部会研究講座「イギリスの視点から見た商事仲裁」
報告者：ニール H. アンドリュース氏（イギリス・ケンブリッジ大学教授）
7月24日： 研究部会研究講座「英国におけるスポーツ仲裁」
報告者：宍戸一樹会員（瓜生・糸賀法律事務所パートナー弁護士）
9月3日： 研究部会研究講座「IBAにおけるCounsel Conduct in International Arbitrationにかかるガイドライン（国際仲裁における代理人の行為規範に関するガイドライン）の動向」
報告者：小原淳見会員（長島・大野・常松法律事務所パートナー弁護士）
10月3日： 研究部会研究講座「「地デジADRの総括」―期間限定ADRの課題とその成功の裏側―」
報告者：山本純一氏（総務省テレビ受信者支援センター・統括本部部長）
10月10日： 研究部会研究講座「American Arbitration Associationにおける商事紛争調停の実務」

日本仲裁人協会の歩み

	報告者：Michele S. Riley氏（ニューヨーク州弁護士）
11月29日：	研究部会研究講座「「ハーグ子の奪取条約とADR」ハーグ子の奪取条約事案におけるADRの重要性と課題」
	報告者：大谷美紀子会員（理事・弁護士・国際家事調停PT委員）
12月3日：	関西支部セミナー「ハーグ条約の批准と友好的解決―外国人に利用される国際家事調停を目指して―」
	スピーカー：西岡達史氏（外務省総合外交政策局ハーグ条約室長）
	コリン・ジョーンズ氏（同志社大学法科大学院教授）
	レビン小林久子会員（理事・九州大学大学院法学研究院教授）
	長田真里会員（大阪大学法学部准教授）
	木内道祥氏（弁護士・大阪弁護士会国際委員会ハーグPT座長）
	渡邉惺之氏（弁護士・大阪大学名誉教授）
	小原正敏会員（理事・弁護士・総合紛争解決センター財務委員会委員長）
	戸倉晴美氏（元弁護士・家事調停委員）
	コーディネーター：濱田雄久会員（弁護士・大阪弁護士会国際委員会ハーグPT副座長）

2013年

2月 ：	仲裁・ADRフォーラム（vol.4）発行
3月7日：	関西支部セミナー「アジア諸国における外国仲裁判断の承認・執行」
	講師：栗田哲郎会員（弁護士）・末永久美子氏（弁護士）
3月12日：	研究部会研究講座「原子力損害賠償紛争解決センターの現状と課題」
	報告者：鈴木五十三会員（理事・弁護士）
4月25日：	関西支部セミナー「国際投資仲裁の現状と将来」
	講師：Armand De Mestral氏（ケベック州弁護士・マギル大学名誉教授）
5月24日：	調停人養成講座入門編「調停への招待」
	講師：上原裕之弁護士（元広島高裁部総括判事・熊本家裁所長・弁護士）
	ゲストスピーカー：入江秀晃会員（九州大学法科大学院准教授）
6月12日：	研究部会研究講座「The special role of lawyers in investment arbitration」
	報告者：Lars Markert会員（ドイツ弁護士・西村あさひ法律事務所出向中）
6月25日：	研究部会研究講座「観光ADR」
	報告者：川添利賢氏（立教大学法務研究科教授）
7月13〜15日：	調停人養成講座開催
7月22日：	研究部会研究講座「Preview of the HKIAC Administered Arbitration Rules」
	報告者：Chiann Bao氏（Secretary-General, HKIAC）
9月5日：	研究部会研究講座「JCAA仲裁規則の改正案」
	報告者：中村達也氏（日本商事仲裁協会仲裁部長）
9月12日：	関西支部セミナー「仲裁の実際を知る」
	講師：児玉実史会員（理事・弁護士）

　　　　　　　　　大貫雅晴氏（理事・JCAA理事）
９月25日： 研究部会研究講座「家事事件ADRの実践と課題―FPIC大阪ファミリー相談室の活動報告」
　　　　　報告者：小田八重子氏（（公社）家庭問題情報センター・大阪ファミリー相談室）
10月16日： 平成25年度内外一体の経済成長戦略構築にかかる国際経済調査事業（ICSID条約第13条に基づく仲裁人及び調停人の指名に向けた調査・分析）を受託
11月11日： 経済産業省において国際経済調査事業の第一回有識者会議が開催
11月30日・12月 1 日・ 7 日・ 8 日：国際家事調停人養成研修開催
　　　　　講師：レビン小林久子氏（元九州大学大学院法学研究院教授）
12月10日：関西支部セミナー「海外進出を行う日本企業が知るべき国際投資協定仲裁」
　　　　　講演「国際投資協定・投資仲裁を利用した紛争解決」
　　　　　講師：濱本正太郎教授（京都大学大学院法学研究科）
12月25日：公益法人認定証授与式

2014 年

１月６日： 公益社団法人日本仲裁人協会設立
１月17日： 経済産業省において国際経済調査事業の第二回有識者会議が開催
１月23日： （後援）「JCAA改正商事仲裁規則解説セミナー」
２月12日： 研究部会研究講座「『投資協定仲裁制度（ISDS）を巡る議論に関する報告書』について ～TPPにおけるISDS条項を念頭に～」
　　　　　報告者：早川吉尚会員（理事・立教大学教授・弁護士）
２月23日： （後援）「第7回模擬仲裁日本大会」
３月７日： 研究部会研究講座「UNCITRAL仲裁規則に基づく投資仲裁」
　　　　　報告者：福永有夏会員（早稲田大学教授）
３月13日： 2014年度日本仲裁人協会通常総会開催
　　　　　仲裁の日記念行事セミナー「投資協定仲裁」
　　　　　司会：髙取芳宏会員（常務理事・弁護士）
　　　　　　　　児玉実史会員（理事・弁護士）
　　　　　報告者：古田啓昌会員（理事・東京大学教授・弁護士）
　　　　　　　　　早川吉尚会員（理事・立教大学教授・弁護士）
３月14日： 経済産業省において国際経済調査事業の第三回有識者会議が開催
３月31日：「ICSID条約第13条に基づく仲裁人及び調停人の指名に向けた調査・分析に関する委託調査報告書」を経済産業省へ提出。
５月15日： 研究部会研究講座「ICSID条約第13条に基づく仲裁人及び調停人の指名に向けた調査・分析に関する調査」の報告（概要）
　　　　　報告者：小原淳見会員（弁護士）
５月26日： 研究部会研究講座「シンガポール仲裁法・シンガポール国際仲裁センター（SIAC）の最新状況」
　　　　　報告者：Ms.Julia-Yeon Yu（シンガポール国際仲裁センターカウンセル）

日本仲裁人協会の歩み

6月13日： 調停人養成講座入門編「調停への招待」
　　　　　講師：稲田龍樹氏（学習院大学法科大学院教授・元東京高等裁判所判事）
6月20日： 研究部会研究講座「ドイツ・スイスにおけるスポーツ紛争解決制度」
　　　　　報告者：松本泰介氏（弁護士）・岡村英祐氏（弁護士）
7月3日： 研究部会研究講座「弁護士ADRの現状」
　　　　　報告者：河井聡氏（弁護士）
7月4日： 国際仲裁セミナー「ビジネス局面から見た国際商事仲裁と投資仲裁―その違いと連続性―」
　　　　　講師：大貫雅晴会員（理事・JCAA理事）
　　　　　　　　井口直樹会員（理事・弁護士）
　　　　　　　　Janet M. Whittaker氏（弁護士）
　　　　　　　　児玉実史会員（理事・弁護士）
7月18日：研究部会研究講座「国際仲裁における弁護士・依頼者間秘匿特権，及び近時の動向」
　　　　　報告者：高取芳宏（常務理事・弁護士）
9月12日： （後援）「APAG Training Day -Best Practices in International Arbitration」
9月13～15日：2014年度調停人養成講座
　　　　　講師：稲葉一人氏（元大阪地方裁判所判事，中京大学法科大学院教授）
　　　　　　　　大村扶美枝氏（弁護士）
　　　　　　　　入江秀晃会員（九州大学法学部准教授）
9月17日： ハーグ条約セミナー「ハーグ条約と国際家事調停の現状と課題」
　　　　　講師：長田真理会員（大阪大学法学部教授）
　　　　　　　　小田八重子氏（元大阪家庭裁判所裁判官・調停委員）
　　　　　　　　柿原基男氏（外務省領事局ハーグ条約室首席事務官）
9月25日： 研究部会研究講座「FINMACにおける紛争解決手続きの概要と実務的運用」
　　　　　報告者：野間敬和（FINMACあっせん委員・弁護士）
10月16日： 研究部会研究講座「The new LCIA Rules:effectiveness,efficiency and flexibility」
　　　　　報告者：Dr Jacomijn van Haersolte-van Hof（Director General of LCIA）
10月16日： （協賛）「SIAC トレーニングビデオワークショップ国際仲裁への実践的ガイド」
10月19日： （後援）「HKIAC Road Show- New Rules and Recent Practice」
10月19日： （後援）「Young International Arbitration Practitioner's Workshop on Witness Testimony」
10月20日： 「Arbitral Women Breakfast and Panel Discussion」広報協力
10月25日： （協賛）「UNCITRAL Japan Seminar 2014 アジアの視点から見た国際投資紛争解決制度の展開」
10月28・29日： （共催）ハーグ条約国際家事ADRあっせん人研修「REUNITEによる国際的な子の奪取事案にかかるメディエーター養成講座」
　　　　　講師：Anne-Marie Hutchinson氏（イギリス弁護士・REUNITE理事長）
　　　　　　　　Alison Shalaby氏（REUNITE事務局長）

　　　　　　　　Sandra Fenn氏（REUNITE調停人）
　　　　　　　　大谷美紀子会員（弁護士）
10月30日：「米国の最新事情とAAA-ICDRの仲裁・調停」
　　　　　　　　講師：Jay Grenig氏（マーケット大学法科大学院教授）
11月14・15日：「Introduction to international Arbitration」CIArbとの共催
11月15・16・22・23日：ハーグ条約セミナー「英語による国際家事調停人養成研修」
　　　　　　　　講師：レビン小林久子会員（理事・弁護士）

2015年

1月6日：　研究委員会研究講座「所謂『Arb-Med-Arb』の三段階方式は世界の紛争解決の主流となるかについて」
　　　　　　　　報告者：加藤照雄氏（英国弁護士・外国法事務弁護士）
1月9日：　研究会「投資仲裁の現状―ICSID及びユーコス事件を中心に―」
　　　　　　　　講師：小田博氏（ロンドン大学教授・ICC日本代表・ICSID仲裁人候補者）
2月6日：　研究委員会研究講座「Emergency Arbitrator in SIAC」
　　　　　　　　報告者：Julia-Yeon Yu氏（シンガポール国際仲裁センターカウンセル）
2月22日：（後援）「第8回模擬仲裁日本大会」
3月9日：　研究会「国際商事調停の実態と展望」
　　　　　　　　講師：レビン小林久子会員（理事・元九州大学法学部教授）
　　　　　　　　　　　大貫雅晴会員（理事・JCAA理事）・澤井啓会員（理事・大阪経済大学客員教授）
3月10日：2015年度日本仲裁人協会通常総会
　　　　　　　　仲裁の日記念行事セミナー「ハーグ条約と私的調停」
　　　　　　　　司会：出井直樹会員（理事・弁護士）
　　　　　　　　第一部：国際家事調停PT活動報告
　　　　　　　　報告者：蓑毛誠子会員（弁護士・国際家事調停委員会 共同委員長）
　　　　　　　　第二部：講演「ドイツにおける国際的な子の連れ去り案件の私的調停」
　　　　　　　　報告者：クリストフ・コルネリウス・パウル氏（ドイツ弁護士・MiKK調停人）
3月11日：「ハーグ条約と友好的解決―ドイツMiKKの調停実務―」開催
　　　　　　　　講師：クリストフ・コルネリウス・パウル氏（ドイツ人弁護士・MiKK調停人）
　　　　　　　　　　　孫崎馨氏（外務省領事局ハーグ条約室長）
　　　　　　　　　　　渡邉惺之会員（弁護士）
　　　　　　　　　　　長田真理会員（弁護士・大阪大学大学院法学研究科教授）
3月31日：外務省へ「ハーグ条約に係る当事者間の二国間共同調停に関する委託調査」に関する報告書を提出
4月20日：調停人養成講座入門編「調停における臨床力」
　　　　　　　　講師：上原裕之氏（弁護士・元広島高等裁判所総括判事・熊本家裁所長）
5月28日：研究委員会研究講座「JAA模擬国際仲裁セミナーの解説資料作成・『国際仲裁教材』出版に関する活動報告」

日本仲裁人協会の歩み

　　　　　　報告者：河端雄太郎会員（弁護士・国際仲裁ADR委員会 共同委員長）
　　　　　　　　　　井上葵会員（弁護士・国際仲裁ADR共同委員会）
6月4日：国際商事仲裁セミナー「アジア仲裁の最新動向」開催
　　　　　　講師：Dominic Roughton氏（外国法事務弁護士）
　　　　　　　　　Christopher Hunt氏（外国法事務弁護士）
　　　　　　　　　児玉実史会員（弁護士・当協会理事）
　　　　　　　　　大貫雅晴会員（理事・JCAA理事）
6月9日：研究委員会研究講座「香港でなされた仲裁判断の中国本土における執行について」報
　　　　　告者：Julian Davis Mortenson氏（University of Michigan Law School）
7月18日〜20日：2015年度調停人養成講座基礎編
　　　　　　講師：稲葉一人氏（元大阪地方裁判所判事・中京大学法科大学院教授）
　　　　　　　　　入江秀晃会員（九州大学法学部准教授）
9月10日：研究委員会研究講座「ADR利用者調査に関する報告」
　　　　　　報告者：太田勝造氏（東京大学教授）
　　　　　　　　　　垣内秀介氏（東京大学教授）
　　　　　　　　　　石田京子氏（早稲田大学教授）
　　　　　　　　　　入江秀晃会員（九州大学准教授）
9月16日：国際商事仲裁セミナー「仲裁機関関係者が語る日中仲裁の内実—SHIACの仲裁手続を
　　　　　知る—」開催
　　　　　　講師：黄文氏（上海国際仲裁センター（SHIAC）副秘書長）
　　　　　　　　　大貫雅晴会員（理事・JCAA理事）
　　　　　　　　　高槻史氏（弁護士）
10月15日：研究委員会研究講座「Pechstein事件に関する報告—交渉力格差のある当事者間における
　　　　　仲裁合意—」
　　　　　　報告者：小川和茂氏（日本スポーツ仲裁機構 理解増進事業専門員）
　　　　　　　　　　杉山翔一会員（弁護士・日本スポーツ仲裁機構 仲裁調停専門員）
10月21日：「国際仲裁教材」出版記念セミナー開催
　　　　　　報告者：河端雄太郎会員（弁護士・国際仲裁ADR委員会 共同委員長）
　　　　　　　　　　井上葵会員（弁護士・国際仲裁ADR委員会 共同委員長）
　　　　　　　　　　鈴木毅会員（弁護士・国際仲裁ADR委員会）
　　　　　　　　　　清水茉莉会員（弁護士・国際仲裁ADR委員会）
　　　　　　　　　　落合孝文会員（弁護士・国際仲裁ADR委員会）
10月21日：YJAA設立大会開催
　　　　　　運営委員会：鈴木毅会員（委員長）
　　　　　　井上葵会員　河端雄太郎会員
　　　　　　　ミハエル・ムロチェク会員　落合孝文会員
　　　　　　　小川新志会員　ジョン・リベイロ会員

　　　　　　平征三朗会員　舘野智洋会員
11月7日・8日：日韓国際仲裁コミュニティ・フォーラム共催
11月14日・15日：2015年度調停人養成講座中級編
　　　　　　講師：稲葉一人氏（元・大阪地方裁判所判事，中京大学法科大学院教授）
　　　　　　　　　入江秀晃会員（九州大学法学部准教授）
11月20日～22日：ハーグ条約セミナー「英語による国際家事調停人養成研修」開催
　　　　　　講師：レビン小林久子会員（理事・元九州大学法学部教授）
12月2日：国際商事調停セミナー「国際商事調停のすすめ」
　　　　　　講師：手塚裕之会員（常務理事・弁護士）
　　　　　　　　　茂木鉄平会員（弁護士）
　　　　　　　　　大貫雅晴会員（理事・JCAA理事）
　　　　　　　　　井垣太介会員（弁護士）
12月3日：研究委員会研究講座「原賠ADR審理の特色と課題」
　　　　　　報告者：出井直樹会員（理事・弁護士）
12月21日：研究委員会研究講座「日本と諸外国の調停モデルの異同を踏まえたハーグ調停」
　　　　　　報告者：大谷美紀子会員（弁護士・国際家事調停委員会 共同委員長）

2016年

1月19日：研究委員会研究講座「国際仲裁における追加当事者の手続参加の実務」
　　　　　　報告者：井上葵会員（弁護士・国際仲裁ＡＤＲ委員会共同委員長）
2月29日：研究委員会研究講座「モンゴルの調停制度－０からの制度構築－」
　　　　　　報告者：岡英男弁護士（弁護士・元JICA長期派遣専門家）
3月1日：2016年度通常総会
　　　　　仲裁の日記念セミナー「TPPと今後の世界貿易と日本」
　　　　　　講師：鶴岡公二氏（内閣官房TPP対策本部首席交渉官）
4月21日：研究部会研究講座「日本の当事者が関与する紛争にとってなぜDIS仲裁が理想的な選択
　　　　　肢となり得るか」
　　　　　　報告者：Francesca Mazza氏（ドイツ仲裁協会（DIS）Secretary General）
　　　　　　　　　　Stephan Wernicke氏（DIHK, Association of German Chambers of Commerce and Industry, Head of Legal）
　　　　　　　　　　Peter Heckel氏（Hengeler Müllerパートナー）
　　　　　　　　　　Christopher Lau氏（3 Verulam Buildingsシニアカウンセル）
　　　　　　　　　　手塚裕之会員（常務理事・弁護士）
　　　　　　司会：早川吉尚会員（常務理事・弁護士）
5月18日：研究委員会研究講座「建設工事紛争審査会における紛争解決の実務」
　　　　　　報告者：須藤英章（弁護士）
6月14日：研究委員会研究講座「医療領域における院内メディエーターについて」
　　　　　　報告者：和田仁孝（早稲田大学大学院法務研究科・教授）

日本仲裁人協会の歩み

8月23日： 研究委員会研究講座「日本ADR協会の活動の紹介」
　　　　　　報告者：佐藤昌之（特定非営利活動法人ITS Japan理事）
　　　　　　河井聡先生（弁護士，日本ADR協会理事，日本仲裁人協会理事）
9月12日： 国際仲裁に関するICDR Y&IとYJAAによる共同セミナー
9月12日： シンガポール弁護士会のADRスキーム／シンガポールにおける最新の紛争解決の枠組み：SIAC規則2016とSIAC-SIMC Arb-Med-Arb議定書
　　　　　　報告者：Paul Sandosham氏
　　　　　　　（Partner of Clifford Chance Asia, Vice-Chairman of International Arbitration Sub-Committee of Law Society ADR Committee）
　　　　　　Seah S. Lee氏（Head（North East Asia）of Singapore International Arbitration Centre）
11月18日： 研究委員会研究講座：「リオオリンピックにおけるスポーツ仲裁裁判所の臨時仲裁廷の事例紹介
　　　　　　報告者：石原遥平（弁護士，（公財）日本スポーツ仲裁機構・仲裁調停専門員）
　　　　　　　　　　杉山翔一（弁護士，同・仲裁調停専門員）
　　　　　　　　　　小川和茂（同・理解増進事業専門員）
11月25日～27日：英語による国際家事調停人養成研修
　　　　　　講師：レビン小林久子会員（理事・元九州大学大学院教授）
11月28日・29日：国際仲裁実務研修講座
　　　　　　講師：手塚裕之（弁護士，当協会常務理事）
　　　　　　　　　古田啓昌（弁護士，当協会理事）
　　　　　　　　　髙取芳宏（弁護士，当協会常務理事）
　　　　　　　　　河端雄太郎（弁護士，当協会国際仲裁・ADR委員会共同委員長）
　　　　　　　　　井上葵（弁護士，当協会国際仲裁・ADR委員会共同委員長）
12月2日： 研究委員会研究講座「国際仲裁における仲裁人選定の実務」
　　　　　　報告者：髙取芳宏（弁護士，日本仲裁人協会常務理事，英国仲裁人協会日本支部共同代表，英国仲裁人協会上級仲裁人）
　　　　　　　　　　松本はるか（弁護士）
12月14日： 研究委員会研究講座「仲裁合意の主観的適用範囲について」
　　　　　　報告者：中村達也（国士舘大学教授，日本商事仲裁協会理事）

2017年

1月24日： 研究委員会研究講座「UNCITRALにおける商事調停和解の執行に関する検討について」
　　　　　　報告者：山田文氏（京都大学教授）
2月20日： 研究委員会研究講座「組織オンブズの現状と課題」
　　　　　　報告者：多田記子氏（IOA認定組織オンブズ）
3月1日： 2017年度通常総会開催
　　　　　仲裁の日記念セミナー「SIArbによる国際仲裁研修プログラム―日本における仲裁振興への協力と将来―」

　　　　　　　講師：Leng Sun Chan氏（Singapore Institute of Arbitrators（SIArb）President:）
3月6日：研究委員会研究講座「Singapore International Mediation Centreの最新動向―仲裁と調停の連携―」
　　　　　　　報告者：Aloysius Goh, Singapore International Mediation Centre
3月17日：研究委員会研究講座「わが国における近時の仲裁関連の裁判例の検討」
　　　　　　　報告者：小川和茂（（公財）日本スポーツ仲裁機構・理解増進事業専門員，法政大学法学部兼任講師）
4月19日：調停人（メディエーター）養成講座入門編
　　　　　　　講演：ADRへの招待―実践的調停過程論から―
　　　　　　　講師：斉藤睦男氏（弁護士）
5月19日：研究委員会研究講座「海運集会所における仲裁手続」
　　　　　　　報告者：青戸照太郎氏（一般社団法人日本海運集会所仲裁グループ長）
5月31日：国際紛争解決セミナー「韓国の国際仲裁実務の最新事情」
　　　　　　　第1部（講演）
　　　　　　　テーマ：「韓国の国際仲裁制度およびKCAB実務の最新事情」
　　　　　　　講師：Taehee Ahn氏（韓国弁護士，大韓商事仲裁院）
　　　　　　　　　　Sookyung Lim（韓国弁護士，大韓商事仲裁院）
　　　　　　　　　　David MacArthur（Senior Foreign Attorney, Bae, Kim & Lee）
　　　　　　　第2部（パネルディスカッション）
　　　　　　　テーマ：「韓国の国際仲裁実務と日本の国際仲裁実務の相違点」
　　　　　　　パネリスト：Taehee Ahn氏
　　　　　　　　　　　　　Sookyung Lim氏
　　　　　　　　　　　　　David MacArthur氏
　　　　　　　　　　　　　山口孝司氏（弁護士，大阪国際綜合法律事務所所長）
　　　　　　　　　　　　　大貫雅晴氏（GBC大貫研究所所長・前日本商事仲裁協会理事）
　　　　　　　コーディネーター：小林和弘氏（弁護士，NY州弁護士，パートナー，弁護士法人大江橋法律事務所）
6月13日：研究委員会研究講座「投資協定仲裁における先決的抗弁に関する仲裁判断例の傾向分析―Trends of Investor-State Arbitral Awards on Preliminary Objections―」
　　　　　　　報告者：卜部晃史氏（弁護士），石戸信平氏（弁護士）
7月1日～2日：調停人（メディエーター）養成講座基礎編
　　　　　　　講師：稲葉一人氏（元大阪地方裁判所判事・中京大学法科大学院教授）
　　　　　　　講師：入江秀晃氏（九州大学法学部准教授（紛争管理論））
7月13日：研究委員会研究講座「International Commercial Courts - The Impact and Implications on Arbitration」
　　　　　　　報告者：Dr. Choong Yeow Choy氏（Professor, University of Malaya, Visiting Professor, University of Tokyo）

日本仲裁人協会の歩み

9月19日： 研究委員会研究講座「Balancing between the Inquisitorial and Adversarial Approaches in International Commercial Arbitration」
報告者：Prof. Joongi Kim, Yonsei Law School（Balancing between the Inquisitorial and Adversarial Approaches in International Commercial Arbitration）

10月14日～15日：調停人（メディエーター）養成講座中級編
講師：稲葉一人氏（元大阪地方裁判所判事・中京大学法科大学院教授）
講師：入江秀晃氏（九州大学法学部准教授（紛争管理論））

10月27日～29日：英語による国際家事調停人養成研修
講師：レビン小林久子氏（元九州大学大学院教授・日本仲裁人協会前理事）

11月15日： 研究委員会研究講座「ハーグ子奪取条約に基づく返還・面会交流事案における調停」
報告者：黒田愛氏（弁護士）

12月1日： 仲裁判断取消に関する裁判例（大阪高決平成28・6・28を中心に）
報告者：小川和茂（立教大学法学部特任准教授）

12月12日： 国際仲裁シンポジウム―わが国における国際仲裁の活性化に向けた基盤整備のために―
総合司会：市毛由美子（（公社）日本仲裁人協会事務局長）
開会の辞：川村明氏・（（公社）日本仲裁人協会理事長）
御挨拶：上川陽子氏（法務大臣）
キーノート・スピーチ：アレクサンドル コノヴァロフ氏（ロシア連邦法務大臣）
日本企業と国際ビジネス紛争
講演：佐久間総一郎氏（日本経済団体連合会経済法規委員会企画部会長）
中小企業の海外展開と国際紛争への対応
講演：渡辺佳英氏（日本商工会議所特別顧問）
外国を仲裁地とすることのリスクと問題
講演：佐藤安信氏（東京大学大学院教授）
日本政府の国際紛争対応力の強化の試み
山崎栄一郎氏（法務省訟務局国際裁判支援対策室長）
米谷三以氏（経済産業省通商法務官）
樋口惠一氏（外務省国際経済紛争処理室長）
わが国における国際仲裁インフラ基盤の整備
早川吉尚氏（日本仲裁人協会常務理事，立教大学教授）
国際仲裁への対応可能な人材養成
高取芳宏氏（（公社）日本仲裁人協会常務理事）
最新UNCITRAL仲裁モデル法の反映
古田啓昌氏（（公社）日本仲裁人協会理事）
閉会の辞：中本和洋氏（日本弁護士連合会会長）

2018年

1月17日：「シンガポール国際仲裁，国際調停の最新実務2018年」

講師：Seah S Lee 氏（Singapore International Arbitration Centre 北東アジア代表）
　　　　Hazel Tang Bik Kwan 氏（Singapore International Mediation Centre ディレクター）
　　　　栗田哲郎氏（弁護士）
パネリスト：Seah S Lee 氏
　　　　　Hazel Tang Bik Kwan 氏
　　　　　多田慎会員（事務局次長・弁護士）

2月13日：研究委員会研究講座「京都国際調停センターの設立」
　　　　報告者：岡田春夫会員（常務理事・弁護士）
2月28日：JCAA主催「仲裁人研修会（実践基礎講座）」後援
3月22日：2018年度通常総会
　　　　「仲裁の日」記念行事セミナー「日本における国際仲裁の活性化に向けた基盤整備のための取組」
　　　　講師：山内由光氏（法務省大臣官房審議官）
　　　　講師：青山善充氏（東京大学名誉教授）
3月27日：研究委員会研究講座「ベトナム商事仲裁法，民事訴訟法の課題：外国仲裁人への損害賠償請求訴訟の事例から」
　　　　報告者：佐藤安信氏（東京大学大学院総合文化研究科教授，弁護士）
4月24日：調停人（メディエーター）養成講座入門編
　　　　講演：よい解決を支援するナラティブADR
　　　　講師：大澤恒夫弁護士（静岡県弁護士会，桐蔭法科大学院教授）
4月26日：日本国際紛争解決センター主催「日本国際紛争解決センターオープニングセレモニー」後援
5月29日：研究委員会研究講座「日本国際紛争解決センター（大阪）の開設」
　　　　報告者：早川吉尚会員（常務理事・弁護士，立教大学法学部教授）
6月20日：「国際調停～京都国際調停センター設立に際して」
　　　　講師：岡田春夫会員（常務理事・弁護士）
　　　　　　　高杉直会員（同志社大学法学部教授）
　　　　　　　西原和彦会員（事務局次長・弁護士）
6月28日：研究委員会研究講座「仲裁法第18条4項所定の開示義務に関する最高裁決定（平成29年12月12日）について」
　　　　報告者：唐津恵一氏（東京大学法学部・法学政治学研究科教授）
6月30日～7月1日：調停人（メディエーター）養成講座基礎編
　　　　講師：稲葉一人会員（理事，中京大学法科大学院教授）
　　　　　　　入江秀晃会員（九州大学法学部准教授（紛争管理論））
7月3日：研究委員会研究講座「Third Party Financing in International Arbitration」
　　　　報告者：Sabine Konrad 氏（Partner, McDermott Will & Emery）
7月5日：「日本仲裁人協会中部支部設立記念セミナー」知っておきたい国際ビジネス紛争の解決

日本仲裁人協会の歩み

　　　　　　　　　法～日本での仲裁・調停という選択肢～
　　　　　　　講師：早川吉尚会員（常務理事・弁護士，立教大学法学部教授）
　　　　　　　　　　岡田春夫会員（常務理事・弁護士）
　　　　　　　モデレーター：小川晶露会員（理事・弁護士）
　　　　　　　パネリスト：大貫雅晴会員（理事・ＧＢＣ（ジービック）大貫研究所代表）
　　　　　　　　　　　　　茂木鉄平会員（弁護士）
　　　　　　　　　　　　　稲葉一人会員（理事・元裁判官，中京大学法科大学院教授）
8月8日：アジア欧州および日本における仲裁のポイント
　　　　　　　講師：Prof. Anselmo Reyes氏（シンガポール国際商事裁判所国際裁判官, 香港大学教授）
　　　　　　　　　　Prof. Teresa Rodoriguez氏（マドリッド大学教授，仲裁人）
　　　　　　　　　　道垣内正人氏（早稲田大学教授・弁護士）
9月10日：研究委員会研究講座「Pertinent Developments in Investment Arbitration」
　　　　　　　報告者：Gary Born氏（弁護士・SIACプレジデント，Wilmer Cutler Pickering Hale and Dorr LLP パートナー）
　　　　　　　　　　　Lars Markert氏（弁護士・西村あさひ法律事務所 外国法パートナー）
9月27日：研究委員会研究講座「スポーツ仲裁における規律事案」
　　　　　　　報告者：小川和茂氏（立教大学法学部特任准教授，（公財）日本スポーツ仲裁機構・理解増進事業専門員）
10月2日：東京三弁護士会国際セミナー「国際仲裁・国際ADRの最新状況」後援
10月12日：研究委員会研究講座「投資協定仲裁判断例の論点ごとの傾向分析」
　　　　　　　報告者：卜部晃史氏（弁護士）
　　　　　　　　　　　猪瀬貴道氏（北里大学准教授）
　　　　　　　　　　　山下朋子氏（愛知県立大学専任講師）
10月13日～14日：調停人（メディエーター）養成講座中級編
　　　　　　　講師：稲葉一人会員（理事，中京大学法科大学院教授）
　　　　　　　　　　入江秀晃会員（九州大学法学部准教授（紛争管理論））
10月22日：研究委員会研究講座「The Role of Gaikokuho Jimu Bengoshi and other Foreign Lawyers in Arbitration & ADR in Japan」
　　　　　　　報告者：Mr. Haig Oghigian, F.C.I.Arb.（Attorney & Counselor at Law, Squire Patton Boggs）
10月26日～28日：ハーグ条約セミナー「英語による国際家事調停人養成研修」
　　　　　　　講師：黒田愛会員（理事・弁護士）
　　　　　　　　　　高瀬朋子会員（弁護士）
　　　　　　　　　　西原和彦会員（弁護士）
　　　　　　　　　　岡井加女代会員（弁護士）
　　　　　　　　　　ニコラス・Ｒ・ジェソン会員（米国カリフォルニア州弁護士）
11月19日：仲裁人研修会（実践基礎講座）
　　　　　　　講師：日下部真治会員（理事・弁護士）

　　　　　　　道垣内正人氏（JCAA仲裁・調停担当業務執行理事）
11月20日： 京都国際調停センターオープニングセレモニー「国際紛争解決の新時代：京都国際調停センターの使命」
　　　　　　　基調講演：David Neuberger氏（イギリス最高裁判所・前長官）
　　　　　　　記念講演：Anselmo Reyes氏（シンガポール国際商事裁判所・国際裁判官）
　　　　　　　　　　　　高取芳宏会員（弁護士・常務理事，C.I.Arb日本支部・共同代表）
　　　　　　　　　　　　岡田春夫会員（京都国際調停センター長，常務理事・弁護士）
　　　　　　　　　　　　瀬領真悟（同志社大学・法学研究科長）
　　　　　　　　　　　　George Lim氏（シンガポール国際調停センター・所長）
12月12日： 日本国際紛争解決センター主催「関西における紛争解決機関の効果的な活用」共催
12月13日： 研究委員会研究講座「第三者資金提供と仲裁手続」
　　　　　　　報告者：中村達也氏（国士舘大学法学部教授）
12月19日： 国際模擬ADRの実際と具体的なノウハウ
　　　　　　　講師：高取芳宏会員（弁護士・常務理事，C.I.Arb日本支部・共同代表）

2019年
 1月10日： 法務省，日本弁護士連合会主催「国際仲裁シンポジウム」後援
 3月11日： 2019年度通常総会
　　　　　　　「仲裁の日」記念行事セミナー
 3月26日： 日本弁護士連合会主催「国際仲裁セミナー「国際取引紛争解決手段としてのADRの利用〜国際仲裁・国際調停を身近なものに〜」後援

〈編集後記〉

　「仲裁・ADRフォーラム」の前号が2016年6月に発刊されてから2年半が経過しました。この間に，仲裁・ADRに対する社会の注目度には，大きな高まりがありました。例えば，政府が2017年6月に公表した「経済財政運営と改革の基本方針2017」（いわゆる骨太の方針）において，国際仲裁の活性化に向けた基盤整備のための取組を進める方針が定められ，続いて同年9月に，内閣官房副長官補を議長とする「国際仲裁の活性化に向けた関係府省連絡会議」が設置され，2018年4月には，同会議による中間取りまとめが公表されました。さらに，基盤整備のための具体的な取組として，官民の協力の下，一般社団法人日本国際紛争解決センター（JIDRC）が設立され，2018年5月には，同センターが大阪において国際仲裁・ADRの専用施設を開業しました。加えて，同年11月には，京都国際調停センター（JIMC-Kyoto）も開設されています。

　本号の内容は，このような直近の動きを紹介するとともに，ADRにまつわる多様な取組や，国際仲裁に関する重要論点・判例を解説するものとなっております。このような充実した紀要が作成できたことは，執筆者の皆様が，ご多忙の中原稿を提供して下さったからにほかなりません。この場を借りて篤く御礼申し上げます。

　本号の編集にあたっては，前号に引き続き，信山社の稲葉文子様に，様々なご調整，ご尽力をいただきました。また，日本弁護士連合会の饒平名翼様には，「日本仲裁人協会の歩み」を取りまとめていただきました。さらに，当協会の川村明理事長には，年末年始のご多用の中，示唆に富む「まえがき」を執筆していただきました。その他にも，個別にお名前を挙げることは差し控えますが，多くの方々の協力によって本号が発刊するに至りました。お世話になりました全ての皆様に心から感謝申し上げます。

　本書は，仲裁・ADRに関する専門書としてだけでなく，当協会の研究活動の成果，そして仲裁・ADRの最新の動向を標したマイルストーンとしての役割も有しています。少しでも多くの方に本書を手にとっていただき，仲裁・ADRの現状を知っていただくとともに，本書をきっかけとして，仲裁・ADRに関する研究及び実務が更に発展し，新たなマイルストーンが築かれていくことを，編集者一同願っております。

公益社団法人　日本仲裁人協会
研究委員会　委員長　　井上　葵
事務局次長　関戸　麦
事務局次長　並木重伸

仲裁・ADRフォーラム Vol.6

2019（平成31）年1月30日　第1版第1刷発行
6903-01011

発行者　　公益社団法人 日本仲裁人協会
発行人　　事務局長　市毛由美子
編　集　　研究委員会　委員長　井上　葵
　　　　　事務局次長　関戸　麦
　　　　　事務局次長　並木重伸
　　　　　担当常務理事　早川吉尚

発行所　　株式会社　信　山　社
〒113-0033 東京都文京区本郷6-2-9-102
Tel 03-3818-1019　Fax 03-3818-0344
info@shinzansha.co.jp
出版契約2019-6903-1-01011　Printed in Japan

Ⓒ(公社)日本仲裁人協会, 2019 印刷・亜細亜印刷 製本・渋谷文泉閣
ISBN978-4-7972-6903-1 C3432
P136 分類327.260.a002　012：045-020

JCOPY　〈(社)出版者著作権管理機構 委託出版物〉
本書の無断複写は著作権法上での例外を除き禁じられています。複写される場合は、
そのつど事前に、(社)出版者著作権管理機構（電話03-5244-5088, FAX 03-5244-5089,
e-mail: info@jcopy.or.jp）の許諾を得てください。

―仲裁・ADRの理論と実務に関する最先端の研究を学ぶ―

公益社団法人 日本仲裁人協会 編

仲裁・ADRフォーラム Vol.5 （2016年6月 刊）

ISBN978-4-7972-6902-4　C3432　B5　144頁　本体2,500円＋税

まえがき〔川村　明〕

UNCITRAL仲裁規則に基づく投資仲裁〔福永有夏〕
ドイツにおけるスポーツ紛争解決制度〔松本泰介〕
スイスにおけるスポーツ仲裁について―国際スポーツ仲裁裁判所（CAS）における
　仲裁事例〔岡村英祐〕仲裁人候補者名簿の効用について〔松元俊夫〕
国際仲裁における弁護士・依頼者間秘匿特権，及び近時の動向〔髙取芳宏〕
FINMACにおける苦情処理及び紛争解決手続の概要と運用〔野間敬和〕
ソフトウェア情報センターのADR（ソフトウェア紛争解決センター）〔市川　穣〕
所謂「Arb-Med-Arb」の三段階方式は世界の紛争解決の主流となるか〔加藤照雄〕
ペヒシュタイン中間判決がスポーツ仲裁の実務にもたらす影響
　〔小川和茂・杉山翔一〕
消費者取引のクロスボーダー化と今後の課題〔沢田登志子〕
観光ADR〔川添利賢〕

日本仲裁人協会の歩み

○Back Number 執筆者○

Vol.1〔出井直樹・酒井ひとみ／手塚裕之／古田啓昌／日下部真治／中村達也／
　　　小川和茂／山田　文／早川佳尚〕
Vol.2〔髙取芳宏・ヘイグ・オヒガン／内藤順也／大本俊彦／小川和茂／
　　　和田仁孝／入江秀晃〕
Vol.3〔谷口安平／鈴木潤一郎／佐藤安信／中村達也／宍戸一樹／森下哲朗／
　　　簗瀬捨治・犬飼重仁／三木　茂／万代栄一郎／沢田登志子〕
Vol.4〔谷口安平／森　大樹／枝窪歩夢／手塚裕之／松元俊夫／濱本正太郎／
　　　手塚裕之／井上　葵／入江秀晃／小田　博〕